CADERNO DO FUTURO

Simples e prático

Língua Portuguesa

5º ano
ENSINO FUNDAMENTAL

4ª edição
São Paulo – 2022

Coleção Caderno do Futuro
Língua Portuguesa 5º ano
© IBEP, 2022

Diretor superintendente Jorge Yunes
Diretora Editorial Célia de Assis
Editora Adriane Gozzo
Assistente editorial Isabella Mouzinho, Stephanie Paparella, Patrícia Ruiz
Revisão Denise Santos, Yara Affonso
Departamento de arte Aline Benitez, Gisele Gonçalves
Secretaria editorial e processos Elza Mizue Hata Fujihara
Assistente de produção gráfica Marcelo Ribeiro
Projeto gráfico e capa Aline Benitez
Ilustrações Vanessa Alexandre
Editoração eletrônica N-Public

Impressão Leograf - Maio 2024

4ª edição - São Paulo - 2022
Todos os direitos reservados.

Rua Gomes de Carvalho, 1306, 11º andar, Vila Olímpia
São Paulo – SP – 04547-005 – Brasil – Tel.: (11) 2799-7799
www.editoraibep.com.br

Dados Internacionais de Catalogação na Publicação (CIP) de acordo com ISBD

P289c   Passos, Célia
         Caderno do Futuro 5º ano: Língua Portuguesa / Célia Passos, Zeneide Silva. - 4. ed. - São Paulo : IBEP - Instituto Brasileiro de Edições Pedagógicas, 2022.
         136 p. : il. ; 32cm x 26cm.

         ISBN: 978-65-5696-288-7 (aluno)
         ISBN: 978-65-5696-289-4 (professor)

         1. Ensino Fundamental Anos Iniciais. 2. Livro didático. 3. Língua Portuguesa. 4. Ortografia. 5. Gramática. 6. Escrita. I. Silva, Zeneide. II. Título.

2022-3339   CDD 372.07
                                            CDU 372.4

Elaborado por Odilio Hilario Moreira Junior - CRB-8/9949

Índice para catálogo sistemático:
1. Educação - Ensino fundamental: Livro didático 372.07
2. Educação - Ensino fundamental: Livro didático 372.4

APRESENTAÇÃO

Queridos alunos,

Este material foi elaborado para você realizar várias atividades de Língua Portuguesa e auxiliá-lo no processo de aprendizagem. São atividades simples e práticas que retomam temas de estudo do seu dia a dia, preparando você para as diversas situações de comunicação que vivencia na escola e fora dela.

Esperamos que aproveite bastante este material no seu desenvolvimento escolar e pessoal.

Um abraço.
As autoras

SUMÁRIO

BLOCO 1 6
Encontro vocálico
Encontro consonantal
Dígrafos
Ortografia:
→ e – i
→ ga, go, gu – gue, gui – que, qui

BLOCO 2 16
Acentuação
Sílaba tônica
Artigos: definido e indefinido
Ortografia:
→ há
→ traz – atrás
→ emprego do m – emprego do n

BLOCO 3 26
Pontuação
Frases e tipos de frases
Sinônimos, antônimos e homônimos
Ortografia:
→ g – j
→ cedilha
→ h

BLOCO 4 44
Substantivos próprio, comum, simples, composto, primitivo e derivado
Substantivo coletivo
Ortografia:
→ x – ch
→ x com som de z – x com som de s
→ x com som de cs – x com som de ss

BLOCO 5 56
Gênero do substantivo
Número do substantivo
Grau do substantivo
Ortografia:
→ ar – er – ir – or – ur
→ ão – ões – ãos – ães
→ al – el – il – ol – ul

BLOCO 6 73
Adjetivo
Graus do adjetivo
Numeral
Ortografia:
→ sufixo: eza – esa
→ r – rr
→ mais – mas

BLOCO 7 89
Pronomes pessoais: reto, oblíquo e de tratamento
Pronomes possessivos, demonstrativos e indefinidos
Ortografia:
→ s – ss
→ sobre – sob
→ sufixos: ando – endo – indo

BLOCO 8 101
Verbos
Conjugação dos verbos regulares
Conjugação do verbo pôr
Conjugação dos verbos ter, haver, ser, estar
Ortografia:
→ am – ão
→ sc

BLOCO 9 120
Oração: sujeito e predicado
Advérbio
Preposição
Crase
Conjunção
Interjeição
Ortografia:
→ por que – porque – por quê – porquê
→ tem – têm
→ s final – z final

Bloco 1

CONTEÚDO:
- Encontro vocálico
- Encontro consonantal
- Dígrafos
- Ortografia:
→ e – i
→ ga, go, gu – gue, gui – que, qui

Lembre que:
- **Encontro vocálico** é um grupo de duas ou mais vogais que aparecem juntas em uma mesma palavra. Exemplos: her**ói**, r**ei**, p**ão**.
- As vogais **i** e **u** são chamadas **semivogais** quando aparecem juntas de outra vogal, com som mais forte, em uma mesma sílaba. Exemplos: fal**ei**, l**ou**sa.

1. Identifique e destaque os encontros vocálicos das palavras. Veja o exemplo:

l**ei**to — ei

a) feira

b) régua

c) maestro

d) história

e) criado

f) aula

g) macarrão

h) desaguei

i) primeira

j) caído

k) iguais

l) país

m) coração

n) gaúcho

o) chapéu

p) gênio

6

2. Leia as palavras e assinale aquelas que têm encontro vocálico.

( ) escorpiões ( ) adulto
( ) dentista ( ) injeção
( ) cauteloso ( ) porta
( ) baratas ( ) respeito
( ) forte ( ) mar

3. Circule as semivogais.

a) sou
b) leite
c) poupa
d) louco
e) pai
f) causa
g) achei
h) rei

Lembre que:

- Os encontros vocálicos são divididos em: **ditongo**, **tritongo** e **hiato**.
- **Ditongo** é o encontro de uma vogal com uma semivogal, ou vice-versa, na mesma sílaba.
  Exemplos: p**ei**-xe, c**ai**-xa, s**au**-da-de, tro-f**éu**, sér**io**.
  O ditongo pode ser:
  → **ditongo oral**: quando o som sai só pela boca.
    Exemplos: c**ai**-xo-te, ch**ei**-ro, p**au**.
  → **ditongo nasal**: quando o som sai também pelo nariz.
    Exemplos: m**ão**, p**ãe**s, t**am**pa.

→ **ditongo decrescente**: quando a semivogal vem depois da vogal.
  Exemplos: pa-p**ai**, c**ui**-da-do, cha-p**éu**.

→ **ditongo crescente**: quando a semivogal vem antes da vogal.
  Exemplos: es-pé-c**ie**, co-lé-g**io**, á-g**ua**.

- Ao se dividir uma palavra em sílabas, não se deve separar o ditongo.
  Exemplos: can-ta-r**ei**, vas-s**ou**-ra, ar-má-r**io**.

- **Tritongo** é o encontro de uma semivogal com uma vogal e outra semivogal na mesma sílaba.
  Exemplos: i-g**uai**s, en-xa-g**uou**, ex-tin-g**uiu**.

- **Hiato** é o encontro de duas vogais pronunciadas em sílabas diferentes.
  Exemplos: s**a**-**ú**-de, v**i**-**o**-le-ta, m**o**-**i**-nho.

4. Separe as palavras conforme sua classificação em ditongo oral ou nasal.

chegou - irmão - ouro - caule - pneu
pulmão - limão - chapéu - cristão
campeões - perdeu - melão - mãe - couve

Ditongos orais:

7

Ditongos nasais:

5. Identifique as palavras que têm ditongo crescente e depois copie-as.

> degrau - manteiga - vácuo - colégio
> memória - biscoito - saudade - anzóis
> chapéu - relógio - qual - cuidado
> tênue - automóvel - degrau - série

6. Sublinhe as palavras que têm ditongo decrescente.

a) imagem
b) paixão
c) coronéis
d) samambaia
e) vendeu
f) pão
g) dinheiro
h) pouco
i) quantidade
j) mentiu
k) raivoso
l) girassóis

7. Identifique as palavras que têm hiato e depois copie-as.

> resfriado - luar - primeiro - raiva
> gratuito - boa - riacho - criatura
> canário - aguou - rio - álcool

8. Separe as sílabas das palavras e escreva o encontro vocálico, de acordo com o modelo.

terceira   ter - cei - ra   (ei)
inteiro   ( )
roupas   ( )
prefeito   ( )
castanheira   ( )
caminhão   ( )
galpão   ( )

9. Classifique os encontros vocálicos das palavras:

a) averiguei

b) mamãe

c) teatro

d) enjoo

e) patriota

f) Paraguai

g) pneu

h) pão

i) circuito

j) baú

k) minguou

Lembre que:

- **Encontro consonantal** é a reunião de duas ou mais consoantes seguidas em uma palavra. Exemplos: **tr**oça, eni**gm**a, in**fl**exível.
  O encontro consonantal pode acontecer:
  → em uma mesma sílaba; exemplo: pe**dr**a, pe-**dr**a.
  → em sílabas diferentes; exemplo: a**p**ti**dão, a**p**-**t**i-dão.

10. Sublinhe os encontros consonantais e separe as sílabas das palavras:

a) atrasado

b) primeiro

c) ritmo

d) grade

e) creme

f) maligno

g) gravata

h) medroso

i) admirar

j) obter

k) vinagre

l) caprino

9

11. Indique os encontros consonantais das palavras. Siga o exemplo:

> clínica   cl

a) drama
b) objetivo
c) livro
d) quatro
e) planície
f) submarino
g) obstáculo
h) oblíquo
i) pobre
j) admirar

12. Escreva palavras com estes encontros consonantais:

> bl - gr - cl - pr - tr - vr - fl - pl - dr - br

13. Relacione as palavras do quadro de acordo com o tipo de encontro consonantal.

> claridade - pasta - trave
> ritmo - admiração - África
> dragão - arte - clima

Separável	Inseparável

Lembre que:

- **Dígrafo** é a reunião de duas letras representando um só fonema.
Exemplos: **ch**apéu, o**lh**o, pamo**nh**a.
Principais dígrafos:
ch – **ch**ave, bola**ch**a   **gu** – **gu**erra, **gu**itarra
lh – abe**lh**a, te**lh**a   **qu** – **qu**ero, **qu**ilo
nh – u**nh**a, ba**nh**o   **sc** – na**sc**er, pi**sc**ina
rr – fe**rr**o, te**rr**a   **sç** – de**sç**o, cre**sç**o
ss – o**ss**o, pá**ss**aro   **xc** – e**xc**eção, e**xc**eto

10

- Nas palavras em que as duas letras são pronunciadas, os grupos **gu**, **qu**, **sc** e **xc** não são dígrafos.

  Exemplos: ré**gu**a, tran**qu**ilo, e**sc**ada, e**xc**luir.

- Na divisão das sílabas, os dígrafos **ch**, **lh**, **nh**, **gu**, **qu** são inseparáveis; e os dígrafos **rr**, **ss**, **sc**, **sç**, **xc** são separáveis. Exemplos: car-ro, pas-so, nas-cer, cres-ça, ex-ce-to.

15. Complete estas palavras com os dígrafos **lh**, **ch**, **nh**:

a) cego___a
b) ___upeta
c) ca___imbo
d) ___oque
e) bri___o
f) agu___a
g) gati___o
h) ___aveiro
i) mu___er
j) lobi___o
k) gali___eiro
l) ba___o

14. Indique os dígrafos das palavras. Siga o exemplo:

quiabo — qu

a) queijo
b) carroça
c) nascido
d) cachorro
e) rainha
f) piscina
g) guerra
h) passeio
i) bicho
j) aquilo
k) navalha
l) excesso

16. Sublinhe os dígrafos das palavras e separe as sílabas.

a) passagem
b) aranha
c) barulhinho
d) piscina
e) bochecha
f) qualidade
g) quiabo

11

h) desenho

i) guitarra

j) esquina

k) barulho

l) pássaro

17. Identifique as palavras em que há dígrafo e depois copie-as.

> preguiça - quintal - quase - guarda
> coqueiro - quente - ninguém - foguete
> queijo - igual - esquadra
> régua - que - linguiça - quiabo

18. Identifique ao lado de cada palavra se nela há encontro consonantal ou dígrafo.

a) carro

b) ritmo

c) ilha

d) digno

e) exceção

f) travar

g) rapto

h) necessidade

i) leque

j) obtuso

k) aquilo

l) livro

m) piscina

n) cresça

o) pedra

p) chave

Vamos trabalhar com: **e – i**

Escrevem-se com e (e não com i)

a**e**reo	d**e**spencar
ant**e**diluviano	m**e**xerica
ant**e**projeto	quas**e**
arr**e**pio	s**e**
cad**e**ado	s**e**ringa

Escrevem-se com i (e não com e)

crân**i**o	**i**nvés
cr**i**ar	mer**i**tíssimo
cr**i**oulo	pát**i**o
d**i**sparate	pen**i**cilina
esqu**i**sito	pr**i**vilégio
in**i**gualável	requ**i**sito

19. Complete as palavras com **i** ou **e**. A seguir, leia e copie as palavras.

a) ad___antar

b) s___ringa

c) arr___pio

d) crân___o

e) corr___mão

f) esqu___sito

g) aér___o

h) cad___ado

i) pát___o

j) ___nvés

k) pr___vilégio

20. Escreva, em ordem alfabética, as seguintes séries de palavras:

a) cordial – pátio – antipático – jabuticaba – crânio

b) seringa – privilégio – antebraço – cadeado – petróleo

13

c) meritíssimo - despencar - requisito arrepio - crioulo

Vamos trabalhar com:
ga, go, gu – gue, gui – que, qui

21. Forme frases com as palavras abaixo, observando os tipos de frases.

a) cadeado - frase afirmativa

b) disenteria - frase negativa

c) penicilina - frase imperativa

d) crânio - frase exclamativa

e) piquenique - frase interrogativa

22. Complete as palavras com **gu** e separe as sílabas.

a) á___ ia

b) ___ erra

c) se___ ir

d) ___ itarra

e) ___ indaste

f) nin___ ém

g) man___ eira

h) fo___ eira

i) fa___ lha

j) fre___ esia

14

23. Complete as palavras usando **ga, gue, gui, go, gu**.

a) ____rra
b) fol____dos
c) ____ar
d) ____rro
e) pre____çoso
f) a____nia

g) ____nhava
h) ami____nhos
i) al____mas
j) alu____l
k) pa____de
l) la____nho

24. Forme uma frase com cada uma das palavras a seguir:

a) amiguinhos

b) freguesia

c) equipe

d) parque

25. Complete com **que** ou **qui**.

a) a____la
b) na____le
c) ____nte
d) ____ria
e) ____rido
f) má____na
g) ____abo
h) ____ro
i) ____lo
j) e____pe
k) ____lombo
l) par____te
m) ma____te
n) ____brado

26. Complete as palavras com **gu** ou **qu** e escreva-as ao lado.

a) es____eleto
b) moran____inho
c) alu____el
d) ban____inho
e) fo____ete
f) pin____inho
g) par____e

15

Bloco 2

CONTEÚDO:
- Acentuação
- Sílaba tônica
- Artigos: definido e indefinido
- Ortografia:
  → há
  → traz – atrás
  → emprego do m – emprego do n

Lembre que:

- (´) **Acento agudo:** indica a pronúncia aberta da vogal.
  Exemplos: h**ó**spede, at**é**, est**á**, **á**rvores.

- (^) **Acento circunflexo:** representa o som fechado da vogal.
  Exemplos: voc**ê**, transfer**ê**ncia, tr**ê**s.

Outros sinais gráficos usados na escrita:

- (~) **Til:** indica o som nasal da vogal.
  Exemplos: casar**ã**o, n**ã**o.

- (ç) **Cedilha:** é colocada no **c** antes de **a**, **o**, **u** para lhe dar o som de **ss**.
  Exemplos: come**ç**ou, almo**ç**ar, ma**ç**ada, a**ç**úcar.

- (-) **Hífen:** une palavras, prefixos etc.
  Exemplos: arco-íris, ex-aluno.

1. Acentue as palavras abaixo.

a) pa
b) noticia
c) pessego
d) paciencia
e) fuba
f) la
g) pe
h) porem
i) avo
j) experiencia
k) quilometro
l) cha
m) atras
n) comodo

Agora, copie as palavras nos lugares corretos.

Acento agudo

Acento circunflexo

Til

16

2. Copie as palavras, acentuando-as quando necessário.

> canguru - Jambu - urutus - Tucurui
> Itajai - aqui - coroneis - quartel
> rouxinois - rouxinol - professor - paletos
> retros - caiapos - algoz - Tapajos
> pontapes - cafe - bone - bones - palidez
> surdez - ingles - portugues - vintem
> ninguem - matine - bide - capaz - sofas
> detras - rapaz - atras - Macapa
> sofa - Amapa - Guaruja - Parana

3. Leia as frases e acentue as palavras destacadas quando necessário.

a) Em **maio**, eu lhe darei outro **maio**.

b) Os **pais** de Carolina vão sair do **pais**.

c) Eu ainda não **domino** as regras do jogo **domino**.

d) Estamos a apenas alguns **metros** da estação do **metro**.

4. Coloque til e cedilha nas palavras e separe as sílabas.

a) atencao

b) oracao

c) eleicao

d) pontuacao

e) observacao

17

f) cancao

g) nacoes

5. Escreva corretamente as expressões.

a) mal (-) assombrado

b) mal (-) educado

c) mal (-) encarado

d) mal (-) humorado

e) bem (-) amado

f) bem (-) estar

g) bem (-) humorado

Lembre que:

- A sílaba mais forte de uma palavra chama-se **sílaba tônica**.

  De acordo com a posição da sílaba tônica, as palavras podem ser:

  → **oxítonas**: quando a sílaba tônica for a última.

  Exemplos: so**fá**, quin**tal**, tam**bor**.

  → **paroxítonas**: quando a sílaba tônica for a penúltima.

  Exemplos: **lá**pis, es**tre**la, ja**ne**la.

  → **proparoxítonas**: quando a sílaba tônica for a antepenúltima.

  Exemplos: **má**gico, **lâm**pada, **ví**tima.

Atenção!
Todas as palavras proparoxítonas são acentuadas.

6. Sublinhe a sílaba tônica das palavras.

a) rápido   d) café

b) sítio   e) fascículo

c) boneca   f) pássaro

g) animal   k) anzol
h) anel   l) janela
i) testa   m) estômago
j) maldade   n) príncipe

7. Classifique as palavras em oxítona (O), paroxítona (P) ou proparoxítona (PP).

a) (   ) obturação
b) (   ) jornal
c) (   ) música
d) (   ) ônibus
e) (   ) lâmpada
f) (   ) cachorro
g) (   ) água
h) (   ) escritor
i) (   ) canção
j) (   ) lágrima
k) (   ) açúcar

8. Destaque a sílaba tônica e classifique as palavras.

a) estrela
b) direção
c) apagador
d) mármore
e) caderno
f) escola
g) abóbora
h) parabéns
i) caju

9. Identifique a sílaba tônica das palavras do quadro e depois copie-as nos locais correspondentes.

> caneta - macaco - época - balão - caju
> menino - pássaro - colega - cafezinho
> saci - jabuti - lágrima - ônibus
> veículo - avô - leão - câmara - cabelo

Oxítona

Paroxítona

Proparoxítona

10. Pesquise 20 palavras oxítonas e escreva-as nos lugares indicados.

10 oxítonas acentuadas

10 oxítonas sem acento

11. Identifique a alternativa que apresenta o grupo de palavras oxítonas acentuadas corretamente.

a) parabéns - coragem - útil - picolé - Paraná

b) sofá - bebê - bebe - camelo - tostão - sopão

c) Pará - acarajé - você - cipó - camelô - Belém

d) viagem - amém - sagui - urubu - xícara - vovô

Lembre que:

- **Artigos** são palavras que colocamos antes dos substantivos para determiná-los.

Os artigos podem ser **definidos** ou **indefinidos**:

→ **o, a, os, as** são **artigos definidos**, porque dão uma ideia precisa, determinada.

Exemplo: **As** borboletas amarelas são belas.

→ **um, uma, uns, umas** são **artigos indefinidos**, porque dão uma ideia vaga, indefinida.

Exemplo: Vi **um** rapaz na rua.

12. Complete com o artigo indefinido adequado.

a) _____ bolsa
b) _____ planetas
c) _____ leoa
d) _____ lavradores
e) _____ maçãs
f) _____ juiz
g) _____ balões
h) _____ oração
i) _____ alunos
j) _____ meninas

13. Sublinhe os artigos das frases abaixo.

a) Uma moça levou o carro.

b) O gato é um animal mamífero.

c) Os homens viram os navios.

d) As ondas faziam o barco balançar.

e) O computador quebrou novamente.

f) Fiz a lição de Matemática ontem.

14. Destaque e classifique os artigos das frases, como no modelo:

> <u>O</u> menino comprou livros.
> artigo definido, masculino, singular

a) Dei uns pulos e saí correndo.

b) Titia ganhou uma blusa.

c) Levei os doces para vovó.

d) Passei a corrente para a frente.

15. Desembaralhe as frases, copiando-as corretamente. A seguir, sublinhe com um traço os artigos definidos e com dois traços os artigos indefinidos.

a) uma praia família casa comprou na A nova.

b) notas alunos Os boas neste conseguiram ano.

c) as são natureza importantes para árvores a Todas.

d) férias vejo hora Não de tirar a umas boas!

e) o preparou almoço maravilhoso macarrão um Vovô para.

16. Coloque (adm) para artigo definido masculino, (aim) para artigo indefinido masculino, (adf) para artigo definido feminino, (aif) para artigo indefinido feminino.

a) a boneca ( )
b) um carro ( )
c) o menino ( )
d) uns balões ( )

e) os computadores ( )
f) umas blusas ( )
g) as ondas ( )
h) uma escola ( )
i) as mulheres ( )
j) os livros ( )
k) as réguas ( )
l) uns livros ( )

Vamos trabalhar com: há

Lembre que:

- Empregamos **há** quando:
  → é sinônimo de **faz**.
  Exemplos: O passeio aconteceu **faz** muitos anos.
  O passeio aconteceu **há** muitos anos.

  → é sinônimo de **existe**, **existem**.
  Exemplos: **Existem** muitos alunos na sala.
  Há muitos alunos na sala.

17. Complete as frases com **há** e, depois, copie-as.

a) _____ muitas árvores nesta praça.

b) Tancredo Neves morreu _____ muitos anos.

c) Passei por lá _____ alguns dias.

d) Não sei onde _____ lojas que vendam tecidos nesta cidade.

e) _____ dois dias não o vejo.

18. Copie as frases, substituindo **há** por **faz** ou por **existe, existem**.

a) No mar há muitos peixes.

b) Ele foi embora _____ seis meses.

c) Há muita coisa a ser mudada no mundo.

19. Forme frases empregando **há** quando:

a) é sinônimo de **faz**.

23

b) é sinônimo de **existe**, **existem**.

Vamos trabalhar com: **traz – atrás**

Lembre que:
- **Traz** é uma forma do verbo trazer.
  Usa-se **traz** no sentido de portar, carregar.
- **Atrás** indica lugar.
  Usa-se **atrás** para indicar lugar.

20. Complete as frases usando **traz** ou **atrás**.

   a) Papai _____ boas notícias para nós.
   b) Ele trabalha _____ do balcão.
   c) Ele foi embora _____ de mim.
   d) Ele _____ sempre na sua mochila os livros que lê.

21. Responda às perguntas utilizando **traz**, **atrás** ou **trás** nas respostas.

   a) Em que banco as crianças devem andar nos automóveis?

b) No alfabeto, a letra l está em que posição?

c) Qual é o sinônimo de leva (levar), transporte (transportar) e carrega (carregar)?

22. Complete o texto corretamente com **traz** ou **atrás**.

   Todo dia, ele _____ uma flor para a professora. Fica à espera dela _____ da árvore, perto da escola. Ela _____ sempre muitos livros e cadernos. Assim que ela passa, ele corre _____ para ajudá-la. É um menino muito gentil, sempre pronto a ajudar os outros. Quando vê qualquer pessoa carregando muita coisa, já corre _____ para dividir o peso. Ele _____ dentro de si um grande coração.

24

Vamos trabalhar com: emprego do m – emprego do n

23. Complete com **m** ou **n**.

a) pe___sou
b) co___prido
c) bo___de
d) alca___çaram
e) ta___bém
f) ca___po
g) dese___baraço
h) a___bulância
i) ba___bu
j) co___tato
k) fu___do
l) to___bo
m) ciê___cia
n) po___to
o) cobra___ça
p) ta___bém

24. Escreva um pequeno texto usando todas as palavras do quadro.

bambu – comprido
correnteza – alcançaram

25. Complete as palavras com **m** ou **n** e, depois, coloque-as em ordem alfabética.

a) co___panheiro
b) qui___tal
c) ca___tigas
d) i___perador
e) a___bos
f) se___pre
g) bo___ba
h) sa___ba
i) le___brança
j) co___binar
k) co___tador
l) Ferna___do
m) co___prar
n) qua___do
o) i___previsto
p) co___lia___ça
q) chu___bo
r) nove___bro
s) i___possível
t) e___bora

1.
2.
3.
4.
5.
6.
7.
8.
9.
10.
11.
12.
13.
14.
15.
16.
17.
18.
19.
20.

Bloco 3

CONTEÚDO:

- Pontuação
- Frases e tipos de frases
- Sinônimos, antônimos e homônimos
- Ortografia:
→ g – j
→ cedilha
→ h

Lembre que:

- **Pontuação** é o emprego de sinais gráficos que auxiliam na compreensão da leitura.

. **Ponto-final:** indica o fim de uma frase afirmativa ou negativa.

Exemplo: Joca declarou que pagaria toda a despesa.

, **Vírgula:** indica uma pequena pausa na leitura. Ela é usada para:

→ separar os nomes de uma relação.
Exemplo: Pom-pom, Pituchinha e Polichinelo correram bem depressa.

→ separar palavras que indicam chamamento.
Exemplo: – Polichinelo, venha cá!

– Psiu!... Vá devagarinho, Pom-pom.

→ separar os lugares das datas.
Exemplo: Belo Horizonte, 10 de julho de 2003.

; **Ponto e vírgula:** indica uma pausa maior que a da vírgula.

Exemplo: O menino saiu tarde de casa; ficou consertando a gaiola do passarinho.

: **Dois-pontos:** são usados para iniciar uma explicação, uma citação ou enumeração.

Exemplo: Meu amigo lança fora, alegremente, o jornal que está lendo e diz:

– Chega!

? **Ponto de interrogação:** é usado quando a frase indica uma pergunta.

Exemplo: Você acredita no que os jornais dizem?

! **Ponto de exclamação:** é usado para indicar espanto, admiração, surpresa.

Exemplo: – Chega!

– **Travessão:** é usado nos diálogos para indicar mudança de interlocutor ou para destacar partes da frase.

Exemplo: A impressão que a gente tem, lendo os jornais – continuou meu amigo –, é que no mundo só acontecem desgraças.

– Você acredita nisso que os jornais dizem? – perguntou meu amigo.

1. Crie frases usando:

a) ponto-final.

b) vírgula.

c) ponto e vírgula.

d) dois-pontos.

e) ponto de interrogação.

f) ponto de exclamação.

2. Coloque a pontuação necessária nas frases a seguir.

a) Ana Cláudia e Magali foram ao teatro

b) Dininha comprou um vestido uma blusa e um par de sapatos

c) Que horas são

d) Olha que dia lindo

e) Papai disse
   Você já almoçou

f) Que história maravilhosa

g) Não vou ao parque

h) Mariana venha almoçar

3. Copie, substituindo o * pelo sinal de pontuação adequado.

Meu amigo lança fora, alegremente, o jornal que está lendo e diz*
 * Chega * Houve um desastre de trem na França * um acidente de mina na Inglaterra * um surto de peste na Índia * Será o mundo assim, uma bola confusa, onde acontecem muita violência, desastres e desgraças * Não * Há também notícias que falam de soluções de problemas públicos, de solidariedade e responsabilidade da sociedade.

4. Reescreva as frases a seguir em discurso indireto.

a) A mãe disse:
— Filho, não posso ajudá-lo agora. Estou terminando de preparar o jantar.

b) Marcela pediu:
— Roberto, feche a janela, por favor, pois está chovendo forte.

c) Terminamos a atividade — disseram os alunos.

5. Reescreva as frases a seguir em discurso direto.

a) O pai pediu silêncio à filha, pois estava assistindo ao noticiário.

b) Convidei meu amigo Carlos para ir ao cinema.

c) O professor insistiu em que os alunos terminassem de ler o livro.

6. Assinale a alternativa que indica a melhor transformação para o discurso direto da frase em discurso indireto a seguir.

A jovem disse que abriria a janela, pois estava muito quente ali dentro.

( ) Abrirei a janela, pois está muito quente aqui dentro.

( ) Abrirei a janela, pois está muito quente ali dentro.

( ) Abriria a janela se estivesse muito quente lá dentro.

( ) Abriria a janela se estivesse muito quente aqui dentro.

7. Leia o trecho a seguir e depois complete os espaços em branco com o discurso indireto.

[…] Mas o Cavaleiro sacudiu a cabeça e respondeu:
– As histórias dos mares, das ilhas, dos povos desconhecidos e dos países distantes são maravilhosas e enchem-nos de espanto. Mas prometi chegar neste natal à minha casa. Farei a viagem por terra e partirei amanhã.
– Vai ser uma viagem dura – disse o Flamengo.

Sophia de Mello Breyer Andresen. *O cavaleiro da Dinamarca*. Porto: Porto Editora, 2017.

Mas o Cavaleiro sacudiu a cabeça e respondeu _____ as histórias dos mares, das ilhas, dos povos desconhecidos e dos países distantes _____ maravilhosas e _____ enchiam de espanto. Mas _____ chegar _____ natal à casa _____. Acrescentou que _____ a viagem por terra e _____.
O Flamengo disse que _____ uma viagem dura.

Lembre que:

- **Frase** é o conjunto de palavras que comunica um pensamento completo.
  As frases podem ser:
  → **declarativas afirmativas:** afirmam alguma coisa, fazem uma declaração simples.
  Exemplo: O rei era rico e poderoso.
  → **declarativas negativas:** negam alguma coisa, fazem a negação de uma declaração.
  Exemplo: Naquela tarde, o rei não assinou nenhuma sentença de morte.
  → **interrogativas:** perguntam alguma coisa, indicam uma interrogação.
  Exemplo: Como é que se pode ter a maldade de matar um homem?
  → **exclamativas:** indicam exclamação, admiração, surpresa, alegria, espanto, dor, medo, susto.
  Exemplo: – Olha, pai! Salvei-a!
  → **imperativas:** indicam ordem ou pedido.
  Exemplos: – Meu filho, venha cá.
  – Condene-os todos à morte.

8. Classifique as frases abaixo.

a) Por favor, abra a porta.

b) Hoje não vou à escola.

c) Rafaela sabe dançar.

d) Que belo ramalhete!

e) Venha cá, Paula.

f) Flávio gosta de chocolate.

g) Que horas são?

h) Que sopa deliciosa!

i) Maria Helena não veio trabalhar.

j) O almoço está pronto?

k) O palhaço é engraçado.

9. Escreva uma frase negativa, uma interrogativa e uma exclamativa, partindo desta frase:

As crianças subiram no telhado.

a) negativa

b) interrogativa

c) exclamativa

10. Transforme as frases afirmativas em negativas.

a) A moça atravessou a rua na faixa de pedestres.

b) Pedro se preocupa com o meio ambiente.

c) Hoje é dia de comemorar o campeonato.

d) Os idosos são protegidos pelo Estatuto do Idoso.

e) O desmatamento é um problema que afeta a todos.

11. Escreva uma frase:

a) afirmativa.

b) negativa.

31

c) exclamativa.

d) interrogativa.

> **Lembre que:**
>
> - **Sinônimos** são palavras de sentido igual ou aproximado.
>   Exemplos:
>   **casa** – moradia, habitação
>   **ternura** – carinho, afeto
>   **apressou** – antecipou
>   **vastas** – amplas, grandes, extensas
>   **jubilosamente** – alegremente
>   **roubar** – furtar
>
> - **Antônimos** são palavras que têm significado oposto.
>   Exemplos:
>   **magro** – gordo   **alto** – baixo
>   **noturno** – diurno   **bom** – mau
>   **barulho** – silêncio   **forte** – fraco
>   **doméstico** – selvagem   **alegre** – triste
>   **grande** – pequeno   **certo** – errado
>
> - **Homônimos** são palavras que têm a mesma pronúncia e, às vezes, a mesma grafia, mas significado diferente.
>   Exemplos:
>   **são** (sadio)   **manga** (fruta)
>   **são** (verbo ser)   **manga** (de camisa)
>   **são** (santo)

12. Numere a 2ª coluna de acordo com a 1ª, associando os sinônimos das palavras:

(1) ajudar   (   ) comilão
(2) repousar   (   ) ancião
(3) guloso   (   ) brilhar
(4) cintilar   (   ) auxiliar
(5) morar   (   ) sumir
(6) valente   (   ) descansar
(7) desaparecer   (   ) corajoso
(8) querer   (   ) rezar
(9) orar   (   ) residir
(10) velho   (   ) desejar

13. Reescreva as frases, substituindo as palavras destacadas por sinônimos.

a) O rapaz **descansou** após o trabalho.

b) O diretor **apareceu** de repente.

c) Sueli está **alegre**.

d) As pessoas são **valentes**.

e) Nossa casa é **ampla** e **bonita**.

14. Escreva frases com palavras sinônimas de:

a) bonito.

b) ajudar.

c) morar.

d) triste.

15. Pesquise e escreva o sinônimo das seguintes palavras:

a) caminho

b) indagar

c) relento

d) aroma

e) vastas

f) regressar

33

16. Complete as frases com o antônimo da palavra entre parênteses.

a) Renato _____ a garrafa térmica. (abriu)

b) O menino _____ a pipa. (prendia)

c) Você é _____! (fraco)

d) Aquele prédio é muito _____! (baixo)

e) Marcelo é um menino _____. (triste)

f) Esta casa é muito _____. (grande)

17. Copie as frases, substituindo as palavras destacadas por antônimos iniciados por **des**.

a) João vai **calçar** os tênis.

b) Paulo **pregou** aquela tábua?

c) Maria **amarrou** os sapatos de sua irmã.

d) Decerto a irmã dele **apareceu**.

18. Dê o antônimo das seguintes palavras:

a) vivia
b) feliz
c) entrar
d) triste
e) dentro
f) não
g) pequena
h) ordem
i) mal
j) valente
k) atrasado
l) áspero

34

19. Identifique o antônimo das palavras abaixo, numerando-as corretamente.

1	aceitar		antipático
2	bom		lento
3	simpático		mau
4	honesto		estreito
5	manso		comprar
6	rápido		bravo
7	largo		rejitar
8	azedo		claro
9	escuro		doce
10	vender		desonesto

20. Complete com os homônimos das palavras destacadas e, depois, copie as frases.

a) Eu **caminho** todo dia pelo _____ da escola.

b) Por favor, **leve** este pacote para mim. Não se preocupe, ele é _____.

c) Sujei a **manga** da camisa com o suco de _____.

d) Consegui grande **capital**, quando morei na _____.

21. Pesquise e escreva o sinônimo dos seguintes homônimos:

a) cerrar

serrar

b) passo

paço

c) coser

cozer

d) concerto

conserto

22. Assinale o significado de cada expressão em destaque.

a) José **botou o pé no mundo**.
( ) Desapareceu.
( ) Deu notícias.

b) Marcelo joga bola com o **pé nas costas**.
( ) Com dificuldade.
( ) Com facilidade.

c) Queremos começar o ano com o **pé direito**.
( ) Com boa sorte.
( ) Com má sorte.

d) Fui num **pé só** para casa.
( ) Com rapidez.
( ) Com demora.

23. Relacione as expressões aos respectivos significados.

Pé de valsa	Em segredo.
Pé-quente	Fazer algo com rapidez.
Pé ante pé	Fugir.
Ao pé do ouvido	Pessoa que sabe dançar bem.
Ir num pé e voltar noutro	Pessoa que tem ou traz sorte.
Botar o pé no mundo	Com cuidado.
Meter os pés pelas mãos	Atrapalhar-se.

24. Identifique o sentido real (denotativo) ou figurado (conotativo) das frases a seguir, marcando D ou C.

( ) Os pais são espelho dos filhos.

( ) Quebrei o espelho da sala de estar.

( ) Jurema tem um coração de ouro.

( ) A Praça da Sé fica no coração de São Paulo.

( ) Meus pés estão muito inchados.

( ) O alpinista conseguiu escalar a montanha.

( ) Na cozinha tem uma montanha de louça para lavar.

( ) Pedro nadava em ouro.

( ) Ele tem um coração de gelo.

( ) Gosto de tomar suco com gelo.

37

Vamos trabalhar com: **g – j**

Escrevem-se com G

agir	monge	gengibre
agitar	coragem	gergelim
algemar	digestão	geringonça
algibeira	dirigir	gesto
angélico	ferrugem	tigela
argila	fingir	vagem
aterragem	fuligem	vertigem
auge	mugido	viagem
herege	rabugento	ligeira
megera	rigidez	congelado

Escrevem-se com J

ajeitar	gorjear	majestade
berinjela	gorjeta	objeção
brejeiro	hoje	pajem
cafajeste	jeca	rejeição
canjica	jeito	sarjeta
cerejeira	jenipapo	sujeito
desajeitado	jiboia	traje
enjeitar	laje	varejeira

25. Complete com g ou j e reescreva as palavras.

a) a___ir

b) gor___eta

c) ferru___em

d) can___ica

e) tan___erina

f) a___iota

g) ___iboia

h) ___inásio

i) berin___ela

j) mon___e

k) ___en___ibre

l) pa___em

38

26. Coloque estas palavras em ordem alfabética.

> berinjela - cafajeste - majestade - pajem
> jiboia - sujeito - sarjeta - traje

27. Separe as sílabas destas palavras:

a) angelical

b) dirigir

c) viagem

d) rabugento

e) giz

f) gilete

g) vagem

h) gigante

28. Encontre no diagrama 8 palavras escritas com *g* e *j*.

Q	J	L	V	D	B	N	U	D	F	R	P	D
E	N	R	X	G	E	N	I	A	L	S	U	O
I	F	T	M	Ç	A	S	D	F	G	H	Q	E
X	T	U	U	A	L	V	O	I	H	E	V	C
I	I	Z	F	Q	R	L	X	J	Z	G	I	O
U	G	D	G	E	L	A	D	E	I	R	A	R
I	E	F	V	D	A	R	J	N	F	R	D	G
Z	L	R	X	J	N	A	X	I	Z	G	I	M
S	A	J	O	P	J	N	O	P	E	I	F	R
N	H	N	F	I	K	J	F	A	X	N	A	M
F	A	R	E	G	J	E	X	P	A	C	N	I
J	N	V	O	S	R	I	R	O	I	A	A	R
D	J	L	R	E	O	R	H	O	V	N	S	A
S	I	H	E	G	V	A	S	R	E	A	O	G
A	B	T	O	Z	T	J	J	E	X	G	R	E
D	E	Q	J	I	P	E	Ã	O	V	F	C	M
C	I	L	E	T	V	M	S	R	P	J	Q	Z

39

Vamos trabalhar com: cedilha

Lembre que:

- **Cedilha** é um sinal que se coloca embaixo do **c**, antes de **a, o, u**, para lhe dar um som de **ss**.

Exemplos: disfarçar, açude, paçoca.

29. Complete as palavras com **c** ou **ç** e separe as sílabas.

a) cora___ão

b) bi___icleta

c) almo___o

d) ba___ia

e) ___enoura

f) a___ougue

g) peda___o

h) bên___ão

i) dan___a

j) pare___ia

k) vo___ê

l) ___idade

m) trai___ão

30. Complete as palavras com **c** ou **ç** e copie-as no lugar correto.

a) agrade___er
b) ca___ique
c) dentu___a
d) feiti___o
e) ígua___u
f) disfar___e

g) có___egas
h) pa___oca
i) ___imento
j) ma___aneta
k) endere___o
l) ___ebola

Escrevem-se com **c**:

Escrevem-se com **ç**:

31. Copie as palavras com cedilha embaixo das sílabas correspondentes.

> ração - preço - açude - roçado - doçura
> tição - berço - caçula - caçador - açúcar
> meça - calção - canção - pescoço - atenção
> vingança - abraçar - espaço - lenço

ça

ço

çu

ção

32. Preencha a cruzadinha com palavras com c e ç.

1. Refeição feita ao meio-dia.
2. Verdura que compõe a salada.
3. Injeção que se toma para prevenir doenças.
4. Giramos a chave nela para abrir a porta.
5. Chefe dos indígenas.
6. Pó cinza utilizado em construções.
7. Mágica que as bruxas fazem.
8. Quem anda nela nunca esquece como andar.
9. O que sobra da laranja depois que a comemos.
10. Sinônimo de início.

41

Vamos trabalhar com: **h**

33. Procure no diagrama 14 palavras iniciadas por **h**.

```
N S R E E B T U R B S O P C
H O M E M Z O I H S L H O J E
U A H I N O H H I N H E R Ó I
M R H A R H H A T H E M D H U
A C E P H A A S C E R I D A Z
N S R E É E B T M R B S O P C
I H O U L I I E O E Í F O E H
D I Í Z I S T A T G V É D M A
A E S I C V A R C E O R D M P
D N M N E Z R L R T R I S I E
E A O H O H Á B I L O O O N U
M R H A R H H A T H E M D H U
```

34. Complete as palavras com **h**, quando necessário. A seguir, copie-as na coluna correta.

☐ erva   ☐ único

☐ umedecer   ☐ omenagem

☐ armonia   ☐ umanidade

☐ otel   ☐ umano

☐ óspede   ☐ ucraniano

Palavras com **h**	Palavras sem **h**

42

35. Coloque a letra **h** nas palavras do texto, quando necessário.

  Dona Lola tem o ábito de regar a orta que cultiva em casa todo dia, no mesmo orário. Ela ficou muito brava ontem, porque ela não conseguiu chegar em casa na ora de regar as ortaliças. oje, ela já arrancou as ervas daninhas que estavam crescendo, e agora é só esperar a ora de regar!

36. Assinale o grupo de palavras em que a letra **h** está sendo usada corretamente.

☐ hiena, umildade, umidade.

☐ ombro, aste, hortelã.

☐ horizonte, higiene, êxito.

☐ aver, iate, habilidade.

37. Faça um pequeno texto com as palavras do quadro.

> humano - humanidade - humildade
> honestidade

Bloco 4

CONTEÚDO:
- Substantivos próprio, comum, simples, composto, primitivo e derivado
- Substantivo coletivo
- Ortografia:
→ x – ch
→ x com som de z – x com som de s
→ x com som de cs – x com som de ss

Lembre que:

- **Substantivo próprio** é aquele que nomeia um ser em particular. É escrito com letra inicial maiúscula.
Exemplos: Godofredo, Recife, Brasil.
- **Substantivo comum** é aquele que dá nome aos seres da mesma espécie.
Exemplos: menino, cordão, jardim, feijão.
- **Substantivo simples** é aquele formado por uma só palavra.
Exemplos: dinheiro, casa, menino.

- **Substantivo composto** é aquele formado por mais de uma palavra.
Exemplos: guarda-roupa, couve-flor, para-raios. Há substantivos compostos que não são ligados por hífen.
Exemplos: girassol, sobremesa, pontapé.
- **Substantivo primitivo** é aquele que não se deriva de outra palavra.
Exemplos: pedra, livro, ferro.
- **Substantivo derivado** é aquele que tem origem em outra palavra.
Exemplos: pedreira, livreiro, ferrugem.

1. Sublinhe os substantivos comuns das orações abaixo.

a) As crianças brincavam no parque.

b) Meu gatinho é manhoso.

c) A mulher batia palmas.

d) A menina lia um livro.

e) Fui à praia no sábado.

f) Vi uma abelha e saí correndo.

g) A abelha produz mel e cera.

2. Distribua os substantivos nos lugares corretos.

> cavalo - televisão - Brasil - Paulo
> Rosane - sereia - carro - menino
> Loja Caracol - Gabriela

Substantivos próprios

Substantivos comuns

3. Complete as frases com substantivos. Atenção à legenda: C (substantivo comum); P (substantivo próprio).

a) Quando saí do (C) _____ encontrei (P) _____ .

b) Conheço o (P) _____ , a (P) _____ e o (P) _____ .

c) Comprei um (C) _____ e dei-lhe o nome de (P) _____ .

d) Passei as férias na (C) _____ , mas depois fui para (P) _____ .

e) Se encontrar a (P) _____ , dê-lhe este (C) _____ .

4. Destaque os substantivos compostos das frases a seguir.

a) Vovô ganhou um guarda-chuva.

b) O bem-te-vi é um passarinho.

c) Mamãe fez pão de ló para o café.

d) Na feira vende-se couve-flor.

5. Sublinhe com um traço os substantivos simples e com dois traços os compostos.

rato - guarda-roupa - árvore - macaco

amor-perfeito - guarda-chuva - amor

pé de moleque - homem - beija-flor

6. Classifique os substantivos em primitivo ou derivado.

a) livro

b) sapato

c) ferro

d) ferreiro

e) pedra

f) padaria

g) pedreiro

h) livreiro

i) pão

j) pedrada

k) sapateiro

l) livraria

7. Dê substantivos derivados. Observe o exemplo:

livro - livreiro, livraria

a) chuva

b) pedra

c) sapato

d) tinta

e) fruta

f) máquina

g) terra

Lembre que:

- **Substantivo coletivo** é o que indica um grupo ou uma coleção de seres da mesma espécie.

8. Pesquise e escreva o coletivo de cada coleção:

a) de pessoas:

b) de lobos:

c) de ilhas:

d) de livros:

e) de bois:

f) de camelos:

g) de estrelas:

h) de abelhas:

i) de vara, lenha:

j) de jurados:

k) de cães de caça:

l) de abelhas:

m) de peixes:

9. Escolha um dos coletivos da atividade anterior e escreva uma frase.

10. Complete as frases usando o coletivo das palavras destacadas.

a) Comprei mais um **disco** para minha _____.

b) Os **peixes** daquele _____ são coloridos.

c) Viajei em um dos **aviões** daquela _____.

d) Ana tirou uma **flor** de seu _____.

e) Aplaudimos os **músicos** da _____ da escola.

47

11. Para cada substantivo em destaque, circule o coletivo correspondente.

a) **músicos**
banda   cacho   turma

b) **aviões**
atlas   esquadrilha   esquadra

c) **selos**
álbum   vara   fato

d) **cidadãos**
penca   comunidade   quadrilha

12. Sublinhe os substantivos coletivos encontrados nas frases.

a) O batalhão desfilou pelas ruas ensolaradas.

b) Uma esquadrilha americana sobrevoou a cidade.

c) Nas campinas verdejantes pastavam muitos rebanhos.

d) O porta-aviões Minas Gerais pertence à esquadra brasileira.

e) O auditório, entusiasmado, aplaudia o magnífico pianista.

f) Aquele professor se dedica ao estudo da fauna brasileira.

g) Nuvens cinzentas encobriram a cordilheira.

13. Complete as frases com os coletivos do quadro abaixo; depois, copie cada frase.

pomar - auditório - congresso - teclado
frota - comunidade - laranjal
cachos - parreiral - florada

a) O _____ delirou quando o pianista arrancou os primeiros acordes do _____ do piano.

b) A _____ de ônibus da cidade usa agora biodiesel.

c) A _____ recolhe todo sábado o lixo reciclável dos moradores.

d) Com a República constitui-se o _____, com muitos deputados e senadores.

e) Fomos visitar um _____ e lá ficamos a contemplar a bonita _____ do _____.

f) Em um _____, vemos sempre entre as folhas douradas de uvas.

14. Para cada substantivo em destaque, contorne o coletivo correspondente.

a) **cabras** fato cacho turma

b) **quadros** álbum esquadra pinacoteca

c) **leis** junta código fato

d) **corda** penca cordame quadrilha

e) **aviões** exército esquadra esquadrilha

f) **selos** réstia ninhada álbum

g) **artistas** fauna elenco discoteca

h) **crianças** banda bando biblioteca

Emprego do ch

charuto	choque	bolacha
recheio	chicória	colchete
colcha	relinchar	cacho
choupana	manchar	flecha
chilique	colchão	churrasco
tacho	chuchu	chocolate
pechinchar	chicote	chegar
chimpanzé	rocha	rancho
inchado	mochila	lanchar
chimarrão	encharcar	cochichar
trecho	chupeta	choramingar
chulé	chuviscar	chifre
chocar	encher	salsicha

Vamos trabalhar com: **x – ch**

Emprego do x

luxo	encaixar	xereta
enxada	relaxar	lixeiro
repuxar	engraxar	ameixa
feixe	remexer	maxixe
bexiga	mexer	enxaguar
mexerica	enxame	trouxa
enxaqueca	graxa	frouxo
xadrez	coxa	enxergar
laxante	enxoval	lixa
deixar	enxuto	desleixo
enxugar	faixa	bruxa

15. Complete usando **x** ou **ch**.

a) afrou___ar
b) pu___ar
c) ___aveiro
d) fa___ina
e) acol___oado
f) fle___a
g) gordu___o
h) ___urrasco
i) pon___e
j) abai___o
k) ___ícara
l) ve___ame
m) quei___ar
n) ___aminé
o) ___ama
p) ___afariz
q) ei___o
r) en___arcado
s) en___urrada
t) me___a
u) co___ilar
v) ___arque

16. Resolva as operações e encontre a palavra que corresponde ao resultado:

> 25 – caixa
> 59 – muxoxo
> 54 – coxinha
> 68 – mochila

a) 100 ÷ 4 =

b) 9 × 6 =

c) 32 + 36 =

d) 200 – 141 =

b) expelir

c) exaltar

d) extraordinário

e) externo

f) extra

17. Procure e escreva o significado das palavras abaixo. Veja o modelo:

> faxina
> limpeza

a) executar

Agora, escolha 2 (duas) palavras e escreva uma única frase com elas.

Vamos trabalhar com:
x com som de z – x com som de s

18. Leia, separe as sílabas destas palavras e observe nelas o som do **x**.

x com som de z

a) exagerar
b) exalar
c) exaltar
d) examinar
e) existir
f) exato
g) exausto
h) execução
i) executar
j) êxito
k) exemplar
l) exercer
m) exercício
n) exercitar
o) exército
p) exibir
q) exímio
r) existência
s) inexistência

x com som de s

a) exclamar
b) extraviar
c) externato
d) exposição
e) experiência
f) excursão
g) inexplicável
h) extração
i) exprimir
j) explosão
k) expedição
l) expediente
m) excluir
n) extremidade
o) externo
p) expressão
q) experimentar
r) expansão
s) inexplorável
t) extrair
u) expulsar
v) expor
w) exportação

52

19. Leia, copie e separe as sílabas destas palavras.

a) excluir

b) expansivo

c) expelir

d) expressão

e) extinção

f) extremo

g) inexperiente

h) extrair

20. Distribua as palavras abaixo, de acordo com os sons do x.

> exportar - expedir - êxito - exalar
> exercitar - expulsar - excomungar
> exausto - exibir - exame
> extravagância - extraordinário
> exímio - extraviar - exército

x com som de s

x com som de z

21. Pesquise em jornais ou revistas palavras escritas com x com som de s e com som de z. Escreva-as aqui:

53

Vamos trabalhar com:
x com som de cs – x com som de ss

22. Leia, copie estas palavras e conheça outros sons do **x**.

x com som de cs

a) anexo

b) anexar

c) axila

d) asfixiar

e) circunflexo

f) fixa

g) fixar

h) intoxicar

i) maxilar

j) oxigênio

k) oxítono

l) reflexão

m) sexagenário

n) sexo

o) táxi

x com som de ss

p) auxiliar

q) aproximar

r) máximo

s) sintaxe

t) próximo

u) trouxera

v) trouxer

w) auxílio

54

23. Copie estas palavras e separe as sílabas.

a) auxílio

b) axila

c) maxilar

d) máximo

e) aproximar

f) oxigenada

g) reflexo

h) fluxo

i) trouxéssemos

j) proximamente

24. Distribua as palavras abaixo de acordo com os sons do **x**.

> sexo - boxe - proximamente - xerox - reflexo - tórax - máximo - aproximar - maxilar - axila - auxílio - oxigenada - trouxéssemos - fixo - fluxo

x com som de cs

x com som de ss

55

Bloco 5

CONTEÚDO:

- Gênero do substantivo
- Número do substantivo
- Grau do substantivo
- Ortografia:
  → ar – er – ir – or – ur
  → ão – ões – ãos – ães
  → al – el – il – ol – ul

Lembre que:

- Os substantivos podem pertencer a um dos dois gêneros: o **masculino** ou o **feminino**.
- Antes dos substantivos masculinos, usamos os artigos **o, os, um, uns**.
  Exemplos: **o** pato, **um** homem.
- Antes dos substantivos femininos, usamos os artigos **a, as, uma, umas**.
  Exemplos: **as** patas, **umas** mulheres.

Aprenda o feminino de alguns substantivos

alfaiate: costureira	**herói:** heroína
ateu: ateia	**juiz:** juíza
avô: avó	**maestro:** maestrina
carneiro: ovelha	**marquês:** marquesa
cavaleiro: amazona	**órfão:** órfã
cavalheiro: dama	**padre:** madre
cavalo: égua	**pardal:** pardoca, pardaloca
charlatão: charlatona	**pavão:** pavoa
cidadão: cidadã	**poeta:** poetisa
duque: duquesa	**réu:** ré
elefante: elefanta	**sacerdote:** sacerdotisa
embaixador: embaixatriz	**tigre:** tigresa
frade: freira	**touro:** vaca

1. Coloque (m) antes dos substantivos masculinos e (f) antes dos femininos.
   a) (   ) padrasto
   b) (   ) pardal
   c) (   ) ré
   d) (   ) marido
   e) (   ) freira
   f) (   ) fêmea
   g) (   ) poetisa
   h) (   ) gigante
   i) (   ) alfaiate
   j) (   ) irmã
   k) (   ) ateia
   l) (   ) tigresa

2. Reescreva as frases passando as palavras destacadas para o feminino.

a) **Meu afilhado** foi testemunha do caso.

b) O **ator** estreou na peça.

c) O **alfaiate** chegou cedo em casa.

d) O **cônsul** atendeu **o barão**.

e) O **pardal** voou para bem longe.

f) O **réu** foi **condenado**.

3. Ligue cada substantivo masculino a seu correspondente feminino.

anão	cidadã
genro	abelha
jabuti	rainha
homem	amazona
cidadão	anã
zangão	jabota
cavaleiro	nora
rei	mulher

Lembre que:

- **Comum de dois gêneros** é o substantivo que apresenta uma só forma tanto para o feminino quanto para o masculino. A distinção é feita por meio do artigo ou do adjetivo que o acompanha. Exemplo: o estudante, a estudante.

| Alguns substantivos comuns de dois gêneros ||
Masculino	Feminino
o acrobata	a acrobata
o ajudante	a ajudante
o artista	a artista
o dentista	a dentista
o doente	a doente
o escolar	a escolar
o esportista	a esportista
o imigrante	a imigrante
o lojista	a lojista
o ouvinte	a ouvinte
o pajem	a pajem
o patriota	a patriota
o selvagem	a selvagem
o servente	a servente
o telefonista	a telefonista
o viajante	a viajante

4. Continue a atividade:

o pianista   a pianista

a) o jornalista

b) o gerente
c) o cliente
d) o colega
e) o estudante
f) o dentista
g) o consorte
h) o presidente
i) o fã
j) o mártir

5. Crie frases com os seguintes substantivos:

a) personagem

b) jovem

c) rival

Lembre que:

- **Epiceno** é o substantivo com uma só forma, que pode ser usada para designar tanto animais do sexo masculino quanto do sexo feminino.

- Os **substantivos epicenos** se referem a alguns animais, e, para indicar o sexo, usamos as palavras **macho** ou **fêmea**.
  Exemplos:
a águia macho	a águia fêmea
a girafa macho	a girafa fêmea
a baleia macho	a baleia fêmea
o jacaré macho	o jacaré fêmea
a cobra macho	a cobra fêmea
a onça macho	a onça fêmea
a formiga macho	a formiga fêmea
o sabiá macho	o sabiá fêmea

- **Sobrecomum** é o substantivo que apresenta uma só forma para indicar tanto o feminino quanto o masculino.
  Exemplos:
o cônjuge	a pessoa
o sujeito	o carrasco

6. O que é substantivo epiceno? Dê três exemplos.

7. Copie os substantivos que têm uma única forma para ambos os gêneros.

   leão - vítima - galinha - testemunha
   criança - coelha - criatura - ancião
   fantasma - herói - cristão - indivíduo

8. Complete o texto utilizando os substantivos epicenos e sobrecomuns do quadro. Atenção: se precisar, repita a palavra ou coloque-a no plural.

   animal - pessoa - girafa - águia
   criança - cobra - onça

   Era a primeira vez que a _____ ia ao zoológico. Ela ficou fascinada pela _____, porque não fazia ideia de como o _____ era grande. A _____ que a acompanhava disse que ainda havia muito a ser visto: a _____, a _____, a _____ etc. Contou ainda que as _____ trocam de pele de tempos em tempos. À medida que avançavam no passeio, a _____ ficava mais e mais maravilhada!

59

9. Classifique os substantivos, conforme a relação abaixo.

(1) epiceno
(2) comum de dois gêneros
(3) sobrecomum

a) a vítima ☐
b) o sabiá ☐
c) a criança ☐
d) o jornalista ☐
e) a testemunha ☐
f) a dentista ☐
g) a criatura ☐
h) o acrobata ☐

i) a doente ☐
j) a onça ☐
k) o monstro ☐
l) o pianista ☐
m) a águia ☐
n) a cobra ☐
o) a esportista ☐
p) o jacaré ☐

Lembre que:

- Quanto ao **número**, os substantivos podem estar no **singular** ou no **plural**.
- O **singular** indica apenas um elemento.
- O **plural** indica mais de um elemento.
- Os artigos **o, a, os, as, um, uma, uns, umas** acompanham o substantivo.
  Há várias regras para a formação do plural:
  → Geralmente, forma-se o plural dos substantivos acrescentando-se **-s** ao singular:
  menino – menino**s**
  gato – gato**s**
  mesa – mesa**s**

→ Os substantivos terminados em **-r**, **-s** ou **-z** fazem o plural em **-es**:
bar – bar**es**
freguês – fregues**es**
capaz – capaz**es**

→ Os substantivos terminados em **-al**, **-el**, **-ol**, **-ul** fazem o plural trocando o **-l** por **-is**:
animal – anima**is**
coronel – coron**éis**
anzol – anz**óis**
azul – azu**is**

→ Os substantivos terminados em **-il**:
 – se forem **oxítonos**, perdem o **-l** e recebem **-s**:
  fuzil – fuzi**s**
 – se forem **paroxítonos**, trocam o **-il** por **-eis**:
  inútil – inúte**is**

→ Os substantivos terminados em **-m** fazem o plural mudando o **-m** por **-ns**:
bagagem – bagage**ns**

→ Os substantivos terminados em **-ão** fazem o plural em **-ões** (a maioria), **-ãos** ou **-ães**:
mão – m**ãos**
melão – mel**ões**
ancião – anci**ãos**
capitão – capit**ães**

→ Os substantivos paroxítonos terminados em **-s** ou **-x** conservam a mesma forma. Indica-se o plural por meio do artigo:
o atlas – **os** atlas
o tórax – **os** tórax

10. Dê o plural dos substantivos, seguindo os exemplos.

> **garoto – garotos**

a) praia
b) braço
c) roupa
d) mãe
e) chupeta
f) sorvete
g) canoa
h) loja
i) relógio
j) diário
k) maleta
l) árvore

> **lugar – lugares**

a) mar
b) flor
c) mulher
d) país
e) gás
f) mês
g) nariz
h) colher
i) rapaz
j) pomar
k) cantor
l) professor

> **pastel – pastéis**

a) jornal
b) canal
c) sinal
d) carrossel
e) papel
f) lençol
g) carretel
h) caracol

> **funil – funis**

a) barril
b) anil
c) canil
d) cantil
e) fuzil
f) perfil
g) senil
h) gentil

61

réptil – répteis

a) fóssil
b) fácil
c) útil
d) projétil
e) dócil
f) difícil
g) têxtil
h) frágil

selvagem – selvagens

a) nuvem
b) álbum
c) viagem
d) armazém
e) som
f) passagem
g) fim
h) clarim

avião – aviões

a) mamão
b) limão
c) leão
d) região
e) balão
f) lampião
g) gavião
h) vulcão

cristão – cristãos

a) órgão
b) bênção
c) cidadão
d) mão
e) órfão
f) grão
g) corrimão
h) pagão

cão – cães

a) pão
b) alemão
c) capitão
d) capelão
e) sacristão
f) guardião
g) charlatão
h) tabelião

o lápis — os lápis

a) o atlas
b) o ônibus
c) o pires
d) o cais
e) o ônix
f) o ourives
g) o vírus
h) a íris

Lembre que:

- Os substantivos compostos formam o plural de várias maneiras:

→ As duas palavras do substantivo composto vão para o plural quando ele é formado por:
  - substantivo + substantivo:
    porco-espinho – porcos-espinhos
  - substantivo + adjetivo:
    sabiá-preto – sabiás-pretos
  - adjetivo + substantivo:
    boa-tarde – boas-tardes
  - numeral + substantivo:
    segunda-feira – segundas-feiras

→ Só a primeira palavra do substantivo composto vai para o plural quando ele é formado por:
  - substantivo + de + substantivo:
    cana-de-açúcar – canas-de-açúcar

→ Só a segunda palavra do substantivo composto vai para o plural quando ele é formado por:
  - verbo + substantivo:
    guarda-roupa – guarda-roupas
  - palavras repetidas:
    bate-bate – bate-bates

→ Quando a segunda palavra do substantivo composto for usada sempre no plural, ele conserva a mesma forma tanto para o singular quanto para o plural. Indica-se o plural por meio de artigo:
o guarda-livros – os guarda-livros

---

11. Escreva o plural dos substantivos compostos seguindo os exemplos.

couve-flor — couves-flores

a) tenente-coronel

b) abelha-mestra

c) cirurgião-dentista

d) mestre-escola

e) porco-espinho

guarda-noturno — guardas-noturnos

a) batata-doce

b) obra-prima

c) cartão-postal

d) guarda-civil

e) cachorro-quente

má-língua — más-línguas

a) boa-vida

b) pronto-socorro

c) alto-relevo

d) bom-bocado

e) curta-metragem

primeiro-tenente — primeiros-tenentes

a) terça-feira

b) segundo-sargento

c) quarta-feira

d) sexta-feira

grão-de-bico — grãos-de-bico

a) pé-de-meia

b) água-de-colônia

c) dente-de-leão

beija-flor — beija-flores

a) guarda-roupa

b) porta-retrato

c) bate-papo

d) guarda-chuva

pisca-pisca — pisca-piscas

a) reco-reco

b) teco-teco

c) corre-corre

d) tico-tico

o porta-malas — os porta-malas

a) o porta-joias

b) o guarda-costas

c) o para-raios

Lembre que:

- O **grau do substantivo** indica variação de tamanho.
- O **grau diminutivo** designa um ser de tamanho menor que o normal.

Pode-se formar o diminutivo com o auxílio das terminações:

-inho – passarinho   **-ote** – amigote

-zinho – animalzinho   **-ico** – burrico

-ito – cabrito   **-ebre** – casebre

-eta – estatueta   **-acho** – riacho

- Pode-se também indicar o diminutivo com o auxílio das palavras **pequeno**, **minúsculo**.
Exemplos: livro pequeno, letra minúscula.

Conheça alguns diminutivos

animal: animalejo	**graça:** gracejo
barba: barbicha	**lugar:** lugarejo
burro: burrico	**menino:** meninote
chuva: chuvisco, chuvisqueiro	**muro:** mureta
	rabo: rabicho
engenho: engenhoca	**rio:** riacho
espada: espadim	**sela:** selim
esquadra: esquadrilha	**sono:** soneca
fio: fiapo	**vila:** vilarejo

65

- O **grau aumentativo** designa um ser de tamanho maior que o normal.

  Pode-se formar o aumentativo com o auxílio das terminações:

  ão – ded**ão**   **aço** – poet**aço**

  zarrão – can**zarrão** **alha** – mur**alha**

  ona – mulher**ona**   **eirão** – voz**eirão**

  orra – cabe**çorra**   **ázio** – cop**ázio**

- Pode-se também indicar o aumentativo com o auxílio das palavras **grande**, **enorme**, **imenso**. Exemplos: casa grande, cão enorme, amor imenso.

Conheça alguns aumentativos

animal: animalaço, animalão	**dente:** dentuça
bala: balaço	**escada:** escadaria
barba: barbaça	**forno:** fornalha
bicho: bichaço	**gato:** gatarrão
burro: burrão	**navio:** naviarra
campo: campanha, campina	**papel:** papelão
cara: caraça, carantonha	**perna:** pernaça
chapéu: chapelão	**poeta:** poetaço
colher: colheraça	**rico:** ricaço
criança: crianção, criançona	**rocha:** rochedo

12. Forme o diminutivo das seguintes palavras:

a) concha
b) pacote
c) faca
d) pescoço
e) régua
f) lago
g) lâmpada
h) pé
i) irmão
j) avô
k) espiral

13. Pesquise e escreva o diminutivo dos substantivos abaixo.

a) cova
b) criança
c) estátua
d) flauta
e) gota
f) papel
g) rua
h) sino
i) sala

14. Leia as frases. Sublinhe os substantivos e, depois, separe-os de acordo com o grau.

a) O jardim daquele casarão é bonito.

b) Aquele homenzarrão é valente.

c) O menininho viajou naquela barcaça.

d) Minha bonequinha tem um narigão.

e) Naquela praça há uma estatueta.

Normal

Diminutivo

Aumentativo

15. Pesquise e escreva o aumentativo dos substantivos a seguir.

a) amigo
b) boca
c) cabeça
d) cão
e) copo
f) corpo
g) pedra
h) porco
i) rocha
j) voz

16. Crie frases com o diminutivo de:

a) fio.

b) gota.

c) lugar.

d) papel.

67

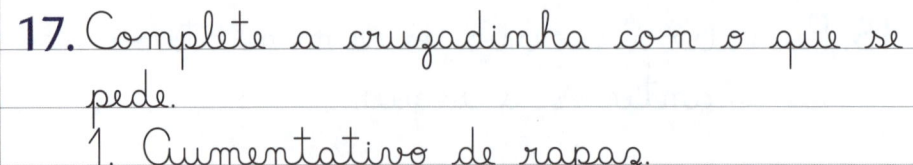

17. Complete a cruzadinha com o que se pede.
1. Aumentativo de rapaz.
2. Diminutivo de caixa.
3. Diminutivo de moça.
4. Aumentativo de lobo.
5. Diminutivo de árvore.
6. Diminutivo de questão.
7. Aumentativo de ladrão.
8. Diminutivo de igreja.

Lembre que:

- Forma-se o plural dos diminutivos colocando o substantivo primitivo no plural, eliminando o **s** final e acrescentando as terminações **zinhos** ou **zinhas**.

Exemplos:
limão**zinho** = limõe(s) + zinhos = **limõezinhos**
anel**zinho** = anéi(s) + zinhos = **aneizinhos**
jornal**zinho** = jornai(s) + zinhos = **jornaizinhos**
alemão**zinho** = alemãe(s) + zinhos = **alemãezinhos**
chapeu**zinho** = chapéu(s) + zinhos = **chapeuzinhos**
anzol**zinho** = anzói(s) + zinhos = **anzoizinhos**
mão**zinha** = mão(s) + zinhas = **mãozinhas**
papel**zinho** = papéi(s) + zinhos = **papeizinhos**
funil**zinho** = funi(s) + zinhos = **funizinhos**
par**zinho** = pare(s) + zinhos = **parezinhos**

18. Dê o plural dos diminutivos.

a) jornalzinho

b) animalzinho

c) chapeuzinho

d) limãozinho

e) funilzinho

f) mãozinha

68

Vamos trabalhar com: ar, er, ir, or, ur

19. Complete com **ar, er, ir, or, ur** e separe as sílabas.

a) m_____cearia

b) vest_____

c) _____te

d) sorr_____

e) realiz_____

f) comp_____tamento

g) melh_____

h) faz_____

i) _____so

j) cri_____

k) _____na

20. Faça a correspondência entre as colunas. Siga o modelo.

a	O Sol emite um forte	☐	começar.
b	O ar	☐	na corda bamba.
c	Iniciar é sinônimo de	☐	de atendimento urgente.
d	Temos informações graças	a	calor.
e	O equilibrista adora andar	☐	aos repórteres.
f	Quando uma pessoa se machuca gravemente, ela precisa	☐	é essencial para nossa sobrevivência.

69

21. Escolha duas palavras do quadro e crie uma frase com cada uma delas.

> carneiro – couve – urna
> senhor – turbina – ordenar
> perfume – porto – verde

Vamos trabalhar com: **ão – ões – ãos – ães**

22. Passe para o plural.

a) botão
b) irmão
c) região
d) alemão
e) porão
f) mão
g) limão
h) tabelião
i) melão
j) órgão
k) escrivão
l) cidadão

23. Escreva as palavras abaixo no plural.

a) acórdão

b) ancião

c) charlatão

d) tecelão

e) vulcão

24. Relacione os substantivos abaixo aos verbos correspondentes.

> perturbação – tradução – dedicação
> classificação – falsificação – lotação
> aflição – cooperação – embarcação
> preocupação – eleição – exclamação

a) exclamar
b) dedicar
c) lotar
d) eleger
e) traduzir
f) afligir
g) falsificar
h) preocupar

i) cooperar
j) embarcar
k) classificar
l) perturbar

25. Procure, no diagrama, dez palavras escritas no plural. Escreva-as abaixo.

```
O O N Ç A S V T T A I T G H S
R R U P C A T U R S C H Ã O S
B A L Õ E S G B D H S S S P G
P Ç E R C O R A Ç Õ E S O I R
N Õ I A U T Ã R N S C O L Õ E
C E S N R O O Õ I S T E D E D
O S A D R S S E H E Y U E S S
M F P Ã E S T S G A V I Õ E S
```

1. 5. 9.
2. 6. 10.
3. 7.
4. 8.

Vamos trabalhar com: al, el, il, ol, ul

26. Complete as palavras com **al, el, il, ol, ul** e, depois, separe as sílabas.

a) s____dado

b) fili____

c) carac____

d) hot____

e) b____de

f) móv____

g) p____ga

h) le____

i) quadr____

j) carnav____

k) m____ta

71

l) b___so

m) ___cova

n) pap___

o) fóss___

i) barri___

j) a___tora

k) ma___

l) a___moxarifado

27. Complete com **l** ou **u** e, depois, copie as palavras.

a) a___tura

b) ___norma

c) a___mento

d) ___rea

e) vegeta___

f) ca___ma

g) me___

h) a___face

28. Escolha três palavras da atividade anterior e forme frases com elas.

a)

b)

c)

72

Bloco 6

CONTEÚDO:
- Adjetivo
- Graus do adjetivo
- Numeral
- Ortografia:
  → Sufixo: eza – esa
  → r – rr
  → mais – mas

Algumas locuções adjetivas

amor **de pai**	–	amor **paterno**
salário **do mês**	–	salário **mensal**
homem **de coragem**	–	homem **corajoso**
água **da chuva**	–	água **pluvial**
noite **de carnaval**	–	noite **carnavalesca**

- **Adjetivo pátrio** é aquele que indica a origem ou nacionalidade das pessoas, animais ou coisas.
  Exemplos: mulher **espanhola**, pássaro **brasileiro**, comida **chinesa**.

Lembre que:

- **Adjetivos** são palavras que acompanham o substantivo, dando-lhe uma qualidade.
- Os adjetivos concordam em gênero e número com o substantivo.
  Exemplos:
  menin**o** bonit**o**   menin**a** bonit**a**
  menin**os** bonit**os**   menin**as** bonit**as**
- **Locuções adjetivas** são duas ou mais palavras que valem por um adjetivo.
  Exemplo: ave **da noite** – ave **noturna**.

Alguns adjetivos pátrios

Cuiabá: cuiabano, cuiabense

Goiânia: goianense

Manaus: manauense

Niterói: niteroiense

Piauí: piauiense

Porto Alegre: porto-alegrense

Rio de Janeiro (cidade): carioca

Rio Grande do Norte: norte-rio-grandense, potiguar

Santa Catarina: catarinense

São Paulo (estado): paulista

Vitória: vitoriense

1. Separe os substantivos e os adjetivos:

> sala ventilada - olhos azuis - grito horrível - homem valente - moça elegante - crianças sapecas - festa junina - roupa velha - lindas borboletas - pequeno peixe - blusas coloridas - festas folclóricas - guarda-chuva desbotado - campos verdejantes - aluno atencioso - homens despreocupados

Substantivos

Adjetivos

2. Ligue os substantivos da coluna da esquerda aos adjetivos mais adequados da coluna da direita.

cabelo •   • azul

colchão •   • dura

caneta •   • frondosa

pedra •   • educado

atleta •   • bonita

árvore •   • castanho

aluno •   • macio

boneca •   • rápido

3. Complete com adjetivos. Siga o modelo.

> Quem tem rancor é rancoroso.

a) Quem tem amor é _____.

b) Quem tem medo é _____.

c) Quem tem carinho é _____.

d) Quem tem talento é _____.

4. Escreva os adjetivos correspondentes às expressões destacadas.

a) amor **de mãe**

b) jornal **da manhã**

c) raios **de sol**

d) azul **do céu**

e) dia **de chuva**

f) flor **do campo**

g) noite **de luar**

5. Relacione as locuções adjetivas a seus adjetivos correspondentes.

1. noite de carnaval
2. salário do mês
3. trem da noite
4. pureza de anjo
5. trabalho com as mãos
6. mulher de saúde
7. chapa do pulmão
8. homem de coragem
9. colégio do estado

☐ pureza angelical
☐ mulher saudável
☐ chapa pulmonar
☐ trabalho manual
☐ homem corajoso
☐ noite carnavalesca
☐ colégio estadual
☐ trem noturno
☐ salário mensal

Escolha duas locuções adjetivas e crie uma frase com elas.

75

6. Qual é o adjetivo pátrio para quem nasce:

a) no Acre?

b) no Pará?

c) em Rio Branco?

d) no Rio Grande do Sul?

e) na Paraíba?

f) no Amazonas?

g) em Pernambuco?

h) no Espírito Santo?

i) em Roraima?

j) no Amapá?

k) em Minas Gerais?

l) em Sergipe?

7. Complete as frases com adjetivos pátrios.

a) Agostinho nasceu no Ceará.
Ele é _____.

b) Vovó nasceu na Bahia.
Ela é _____.

c) Nosso diretor nasceu no Maranhão.
Ele é _____.

d) Eu nasci na cidade de São Paulo.
Eu sou _____.

e) João nasceu em Goiás.
Ele é _____.

f) Paulo nasceu no Paraná.
Ele é _____.

g) Glória nasceu em Alagoas.
Ela é _____.

h) Simone nasceu em Mato Grosso.
Ela é _____.

8. Procure no diagrama os adjetivos pátrios de quem nasce em:

> Aracaju - Belém - Curitiba
> Florianópolis - João Pessoa - Teresina
> Salvador - Natal - Recife - Rondônia

X	F	B	H	J	K	I	L	R	T	D	X	V	M	F
C	A	E	F	G	H	J	K	L	K	I	U	D	F	L
W	R	L	Q	Z	C	V	F	B	N	G	H	J	K	O
S	A	E	S	F	G	H	R	C	V	B	N	P	S	R
X	C	N	N	M	J	K	E	X	C	D	E	E	O	I
R	A	E	W	O	L	O	C	V	Y	F	X	S	T	A
O	J	N	V	U	D	I	I	X	V	A	C	S	E	N
N	U	S	S	A	C	E	F	O	T	R	I	O	R	O
D	E	E	C	N	A	Ç	E	E	A	I	M	E	O	P
O	N	A	T	A	L	E	N	S	E	X	B	N	P	O
N	S	B	X	D	U	Ç	S	O	E	A	X	S	O	L
I	E	S	M	U	V	P	E	O	E	A	X	E	L	I
E	S	T	E	R	E	S	I	N	E	N	S	E	I	T
N	C	N	B	I	G	D	S	W	E	A	Q	X	T	A
S	A	D	X	C	V	R	T	N	B	M	H	J	A	N
E	J	P	S	G	C	U	R	I	T	I	B	A	N	O
M	J	K	L	A	W	Q	N	O	F	S	A	E	O	C

9. Responda:

Qual é sua naturalidade?

E sua nacionalidade?

Lembre que:

- O **grau comparativo** do adjetivo é usado para comparar a mesma qualidade entre os seres.

- O comparativo pode ser:
  → **de igualdade:** tão... quanto... (como)
    Exemplo: Marisa é **tão** estudiosa **quanto** Gabriela.
  → **de inferioridade:** menos... (do) que...
    Exemplo: Marisa é **menos** estudiosa **do que** Lúcia.
  → **de superioridade:** mais... (do) que...
    Exemplo: Marisa é **mais** estudiosa **do que** Rosa.

- Os adjetivos **bom**, **mau**, **grande**, **pequeno** possuem formas especiais para o comparativo de superioridade. Observe:
  → bom – **melhor**
    Exemplo: Estudar é **melhor** que brincar.
  → mau – **pior**
    Exemplo: Correr é **pior** que andar.
  → grande – **maior**
    Exemplo: André é **maior** que Gustavo.
  → pequeno – **menor**
    Exemplo: O terraço é **menor** que a sala.

10. Coloque (n) à esquerda das frases que tiverem adjetivos no grau normal e (c) nas que tiverem adjetivos no grau comparativo.

a) ☐ O gato é um animal carinhoso.

b) ☐ O leão é mais calmo que o tigre.

c) ☐ A galinha tem menos pernas que o coelho.

d) ☐ A saúde é mais importante que a riqueza.

e) ☐ Minha escola é grande e espaçosa.

f) ☐ Esta escola é maior que a minha.

g) ☐ Aninha é menos estudiosa que Ricardo.

h) ☐ Eu gosto mais do meu time.

11. Complete as frases de acordo com o comparativo pedido.

Superioridade

a) Paulo é _____ alto _____ João.

b) Sua cama é _____ confortável _____ a dele.

c) Este juiz é _____ calmo _____ o outro.

Inferioridade

d) A cadeira é _____ confortável _____ o sofá.

e) A laranja é _____ azeda _____ o limão.

f) Meu cabelo é _____ louro _____ o dele.

g) Essa rua é _____ comprida _____ aquela.

78

Igualdade

h) Aquela professora é _____ educada _____ a diretora.

i) A motocicleta é _____ rápida _____ o carro.

j) Sua ideia é _____ boa _____ a minha.

12. Complete as frases com o adjetivo no grau pedido.

a) Os livros são _____ os cadernos.
(útil - comparativo de igualdade)

b) O urso é _____ as focas.
(valente - comparativo de superioridade)

c) Aquele motorista é _____ o outro.
(nervoso - comparativo de inferioridade)

d) O homem é _____ a mulher.
(forte - comparativo de igualdade)

e) Lídia é _____ Rita.
(sapeca - comparativo de inferioridade)

f) Rodrigo é _____ Eduardo.
(competente - comparativo de superioridade)

13. No problema a seguir, circule de vermelho os comparativos de superioridade, de azul os de inferioridade e de verde os de igualdade. Depois, descubra a resposta do problema!

Marcelo é mais alto que Antônio, mas é menos alto que Carlos. Já Carolina é tão alta quanto Carlos. Sendo assim, Marcelo é mais ou menos alto que Carolina?

Lembre que:

- O **grau superlativo** do adjetivo indica a qualidade em sua maior intensidade.

- Podemos formar o grau superlativo:

  → acrescentando ao adjetivo as terminações: **-íssimo, -ílimo, -érrimo**.
  Exemplos:
  João está **tristíssimo**.
  Este ditado é **facílimo**.
  Pedro está **magérrimo**.

  → usando junto com o adjetivo as palavras: **muito, bastante, pouco, o menos, o mais, super**.
  Exemplos:
  O mar está **muito calmo**.
  A menina era **bastante estudiosa**.
  Gustavo é o **mais sabido** da classe.

Aprenda alguns superlativos

ágil: **agílimo**	frágil: **fragilíssimo**
agradável: **agradabilíssimo**	grande: **grandíssimo**
	hábil: **habilíssimo**
amável: **amabilíssimo**	humilde: **humilíssimo**
amigo: **amicíssimo**	infeliz: **infelicíssimo**
baixo: **ínfimo, baixíssimo**	magro: **magérrimo**
	pobre: **paupérrimo**
célebre: **celebérrimo**	popular: **popularíssimo**
comum: **comuníssimo**	simples: **simplicíssimo**
cruel: **crudelíssimo**	terrível: **terribilíssimo**
fiel: **fidelíssimo**	útil: **utilíssimo**

14. Dê o grau superlativo destes adjetivos.

a) quente
b) bom
c) amigo
d) levado
e) contente
f) fácil
g) terrível
h) alto
i) satisfeito
j) humilde

15. Escreva o grau normal destes superlativos.

a) antiquíssimo
b) dulcíssimo
c) velocíssimo
d) horribilíssimo
e) sapientíssimo
f) popularíssimo
g) notabilíssimo
h) simplicíssimo

16. Reescreva as frases, colocando os adjetivos destacados no grau superlativo.

a) A prova foi **difícil**.

b) **Bela** pesquisa!

c) Que torta **saborosa**!

d) O dia está **agradável** para um passeio.

17. Diga em que grau estão os adjetivos das frases abaixo.

a) A discussão foi muito violenta.

b) Renato é menos atencioso do que Pedro.

c) Você é tão inteligente quanto seu irmão.

d) Aquela aluna é estudiosíssima.

e) Encontrei uma jovem bastante triste.

f) Sônia é mais ativa do que Vera.

Lembre que:

- **Numeral** é a palavra que indica quantidade, ordem, multiplicação ou fração.
- Os numerais podem ser:
  → **cardinais:** indicam quantidade.
  Exemplos: um, dois, cinco, dez etc.
  → **ordinais:** indicam ordem.
  Exemplos: primeiro, terceiro, oitavo etc.
  → **multiplicativos:** indicam multiplicação.
  Exemplos: dobro ou duplo (duas vezes), triplo, sêxtuplo etc.
  → **fracionários:** indicam partes, frações.
  Exemplos: meio, um terço, três quintos etc.

Conheça alguns numerais			
Cardinais	Ordinais	Fracionários	Multiplicativos
dois	segundo	meio, metade	duplo ou dobro
cinco	quinto	quinto	quíntuplo
dez	décimo	décimo	décuplo
onze	décimo primeiro	onze avos	undécuplo
doze	décimo segundo	doze avos	duodécuplo
treze	décimo terceiro	treze avos	treze vezes
cinquenta	quinquagésimo	cinquenta avos	cinquenta vezes
cem	centésimo	centésimo	cêntuplo
seiscentos	sexcentésimo	seiscentos avos	seiscentas vezes
setecentos	septingentésimo	setecentos avos	setecentas vezes
mil	milésimo	milésimo	mil vezes

18. Classifique os numerais, seguindo o exemplo.

> trezentos — cardinal

a) doze aves
b) triplo
c) trigésimo
d) dezessete
e) décimo
f) um quinto
g) oitocentos
h) milésimo
i) quádruplo
j) quarenta

19. Escreva os numerais por extenso.

Cardinais

a) 13
b) 50
c) 30
d) 16
e) 60
f) 17
g) 70
h) 600
i) 15
j) 200

Ordinais

a) 10º
b) 20º
c) 30º
d) 40º
e) 50º
f) 60º

g) 70º
h) 80º
i) 90º
j) 100º
k) 200º
l) 400º
m) 500º
n) 800º
o) 1000º

20. Sublinhe os numerais.

a) Uma dúzia de bananas são doze bananas.
b) Tia Áurea queria comprar quinze quilos de feijão.
c) Em apenas cinco minutos, a notícia se espalhou.
d) Houve um desentendimento na terceira fila da arquibancada do estádio.
e) O jogador recebeu três cartões amarelos.
f) Mamãe utilizou um terço dos tomates que comprou.
g) Preciso do triplo do dinheiro que tenho para comprar mais queijo.

21. Complete as frases usando as opções do quadro, conforme o que é pedido.

> três livros - triplo de canetas
> dois livros - meio quilo
> décima vez - um quinto - dobro do
> resultado - quinto lugar

a) Numeral fracionário que indica a quinta parte de algo: _____.
b) Numeral cardinal que indica a quantidade dobrada de um livro: _____.
c) Numeral ordinal que indica a quinta posição: _____.
d) Numeral cardinal para indicar que o livro aparece três vezes: _____.
e) Numeral ordinal para indicar que algo já se repetiu em dez ocasiões: _____.
f) Numeral multiplicativo que indica que um resultado é duas vezes maior que outro resultado: _____.

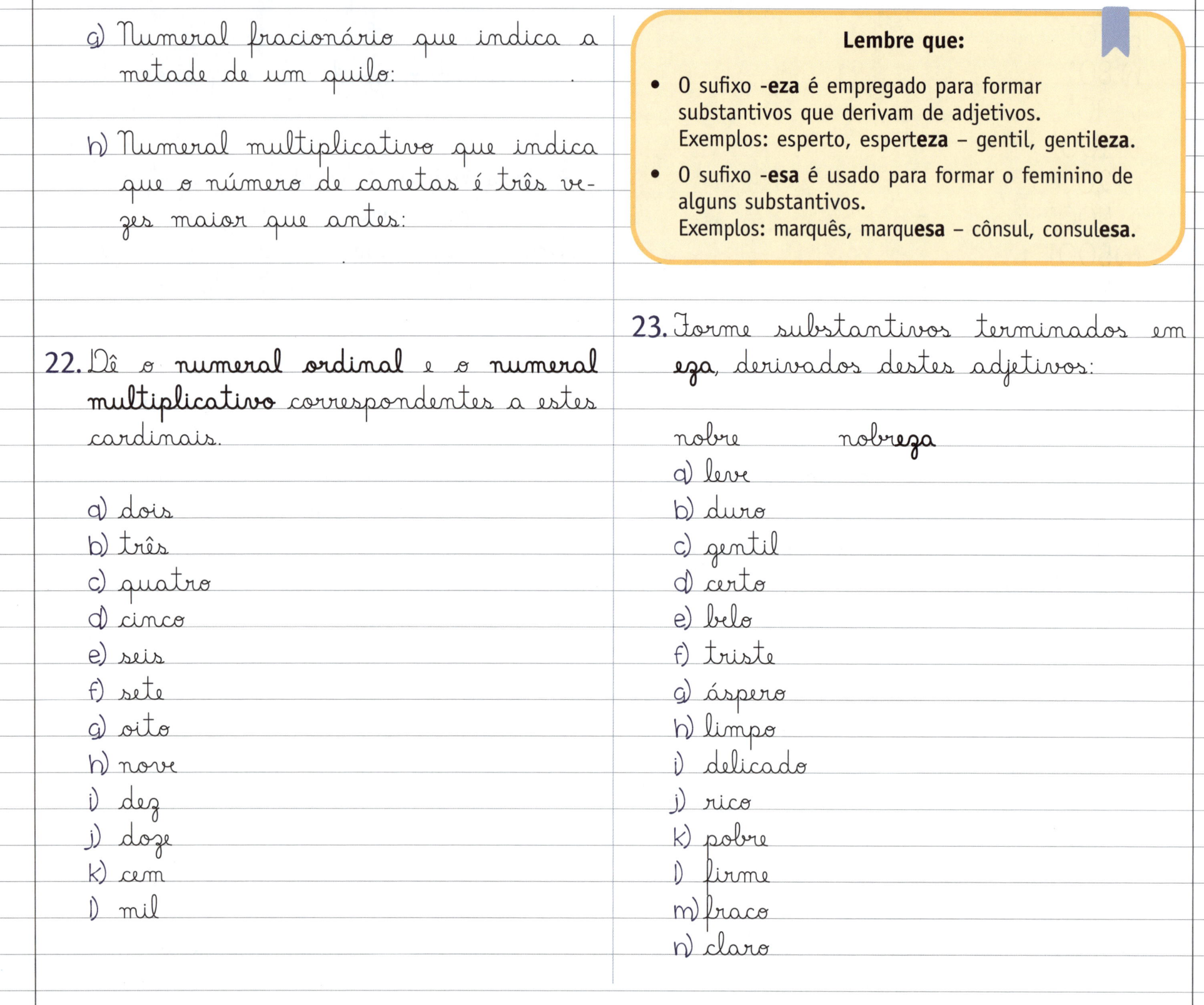

g) Numeral fracionário que indica a metade de um quilo:

h) Numeral multiplicativo que indica que o número de canetas é três vezes maior que antes:

> **Lembre que:**
> - O sufixo **-eza** é empregado para formar substantivos que derivam de adjetivos.
>   Exemplos: esperto, espert**eza** – gentil, gentil**eza**.
> - O sufixo **-esa** é usado para formar o feminino de alguns substantivos.
>   Exemplos: marquês, marqu**esa** – cônsul, consul**esa**.

22. Dê o **numeral ordinal** e o **numeral multiplicativo** correspondentes a estes cardinais.

a) dois
b) três
c) quatro
d) cinco
e) seis
f) sete
g) oito
h) nove
i) dez
j) doze
k) cem
l) mil

23. Forme substantivos terminados em **eza**, derivados destes adjetivos:

nobre — nobreza

a) leve
b) duro
c) gentil
d) certo
e) belo
f) triste
g) áspero
h) limpo
i) delicado
j) rico
k) pobre
l) firme
m) fraco
n) claro

24. Dê o feminino usando o sufixo -esa:

português   portuguesa

a) camponês

b) príncipe

c) japonês

d) marquês

e) cônsul

f) polonês

g) barão

h) freguês

i) chinês

j) francês

k) inglês

l) duque

25. Complete as palavras abaixo com -eza ou -esa.

a) holand

b) def

c) fri

d) surpr

e) clar

f) franqu

g) campon

h) montanh

i) firm

j) desp

k) burgu

l) pobr

m) cert

n) japon

o) ingl

p) magr

q) lev

r) fin

Agora, escreva uma frase usando duas palavras: uma com -eza e outra com -esa.

85

r (som forte)	rr (som forte entre vogais)	r (som brando entre vogais)
rua	derreter	areia
riacho	garrafa	canário
rato	amarrava	farinha
ruflar	barro	careta
ribeirão	guerra	interesse
receber	arroz	sincero
rápido	horrível	leitura
relógio	arredondar	arado
reunião	arriscar	Sara
roupa	correndo	solitário

26. Leia e escreva as palavras nos locais corretos.

> Renato - varrer - remar - carinho - gravura
> burro - história - rumo - redondo
> correr - mentira - arrumar

r (som forte)

rr (som forte entre vogais)

r (som brando entre vogais)

27. Forme palavras com as sílabas do quadro, observando os números. Depois, separe as sílabas das palavras.

1 cor	2 lei	3 var	4 ri	5 bar
6 do	7 gar	8 ra	9 re	10 vel
11 hor	12 ca	13 ren	14 nho	15 tu
16 rer	17 rí	18 ro	19 fa	20 ta

a) 1 - 13 - 6

b) 11 - 17 - 10

c) 7 - 8 - 19

86

d) 5 – 18

e) 2 – 15 – 8

f) 12 – 8

g) 1 – 16

h) 12 – 4 – 14

i) 12 – 9 – 20

j) 3 – 13 – 6

> **Lembre que:**
>
> - **Mais** indica quantidade.
>   É o contrário de **menos**.
>   Exemplo: Precisamos evitar **mais** problemas.
>
> - **Mas** indica oposição, ideia contrária.
>   Equivale a **porém**.
>   Exemplo: Procurei em toda parte, **mas** não encontrei ninguém.

28. Leia e complete as frases com **mais** ou **mas**:

a) Ele foi, _____ a menina ficou.

b) Estou gostando de Juliana, _____ ela não me dá bola.

c) Estude _____ e será aprovado.

d) A moça é inteligente, _____ pouco simpática.

e) O ferro é _____ útil que o ouro.

f) Não podemos esperar _____ tempo.

87

29. Copie as frases substituindo **mais** por **menos** e **mas** por **porém**.

a) A artista recebeu **mais** aplausos que seu colega.

b) As árvores são necessárias, **mas** os homens não as respeitam.

c) Quase não há jacarés, **mas** os homens não deixam de caçá-los para tirar-lhes a pele.

d) Quanto **mais** amigos temos, **mais** felizes somos.

e) O dia está bonito, **mas** não posso sair de casa.

30. Assinale se o uso de **mas** e **mais** está certo (c) ou errado (e) nas frases a seguir.

( ) A menina ia à piscina, mais começou a chover e ela não foi.
( ) Quanto mais amigos, melhor!
( ) Ele comeu a sopa, mais não gostou.
( ) Paula tinha muito mas meias que seu irmão.
( ) Quero ir jogar bola, mas preciso estudar.

Bloco 7

CONTEÚDO:

- Pronomes pessoais: reto, oblíquo e de tratamento
- Pronomes possessivos, demonstrativos e indefinidos
- Ortografia:
  → s – ss
  → sobre – sob
  → sufixos: ando – endo – indo

Pronomes pessoais

	Retos	Oblíquos
Singular	1ª pessoa – **eu**	**me, mim, comigo**
	2ª pessoa – **tu**	**te, ti, contigo**
	3ª pessoa – **ele, ela**	**se, si, consigo, o, a, lhe**
Plural	1ª pessoa – **nós**	**nos, conosco**
	2ª pessoa – **vós**	**vos, convosco**
	3ª pessoa – **eles, elas**	**se, si, consigo, os, as, lhes**

Lembre que:

- **Pronomes** são palavras que substituem ou acompanham os nomes.

Lembre que:

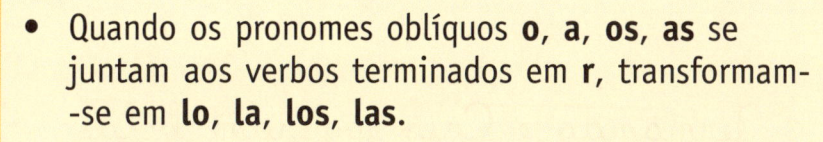

- Quando os pronomes oblíquos **o, a, os, as** se juntam aos verbos terminados em **r**, transformam-se em **lo, la, los, las**.

  Exemplos:

  Vou chamar as crianças. Vou chamá-**las**.

  Quero fechar o portão. Quero fechá-**lo**.

1. Complete as frases com pronomes pessoais do **caso reto**.

   a) _____ corremos depressa.

   b) _____ deram risada.

89

c) _____ fui ao mercado.

d) _____ gostas de cinema?

2. Reescreva as frases substituindo os nomes destacados pelos pronomes correspondentes.

a) **Eu e Ricardo** viajaremos.

b) **Roberta** faltou à aula.

c) **Fernando e Caio** jogaram bola.

d) **Eliane e Rosilda** almoçaram.

e) **O cachorro** correu.

f) **Eu, Larissa e Paulo** estudamos.

3. Classifique os pronomes de acordo com o exemplo.

> tu — pronome pessoal reto, 2ª pessoa do singular

a) eu

b) nós

c) ela

d) eles

e) vós

4. Numere a 2ª coluna de acordo com a 1ª.

1	Eu	☐	admiram os músicos.
2	Nós	☐	admira os músicos.
3	Lia	☐	admiro os músicos.
4	Vocês	☐	admiras os músicos.
5	Vós	☐	admiramos os músicos.
6	Eles	☐	admiram os músicos.
7	Tu	☐	admirais os músicos.

5. Sublinhe os pronomes pessoais oblíquos.

a) A professora sentiu-se comovida com o discurso.

b) Nós nos levantamos sempre cedo.

c) Meus pais se entendem muito bem.

d) Por que te preocupas tanto?

6. Reescreva as frases e substitua os nomes destacados por pronomes pessoais oblíquos.

a) Comprei **as fichas** no jornaleiro.

b) Levei **o carro** ao mecânico.

c) Pedi **a vocês** que comprassem o livro.

d) Entreguei **à Solange** a encomenda.

e) Chupou **os sorvetes** depressa.

f) Mandaram arrumar **o quarto**.

De acordo com a pessoa com quem conversamos, empregamos pronomes especiais, chamados **pronomes de tratamento**.

Pronomes pessoais de tratamento		
Senhor, Senhora, Senhorita	Sr., Sra., Srta.	tratamento respeitoso
Você	V.	familiares, amigos e colegas
Vossa Excelência	V. Exa.	altas autoridades
Vossa Reverendíssima	V. Revma.	sacerdotes
Vossa Majestade	V. M.	reis, rainhas, imperadores
Vossa Senhoria	V. Sa.	cartas comerciais, pessoas de cerimônia
Vossa Alteza	V. A.	príncipes e duques
Vossa Santidade	V. S.	papa
Vossa Eminência	V. Ema.	cardeais

7. Que pronome de tratamento você usaria ao conversar com:

a) o papa?

b) um príncipe?

c) um padre?

d) uma senhora idosa?

e) um senador?

f) um amigo?

8. Encontre no diagrama a seguir seis pronomes pessoais de tratamento. Copie-os no espaço indicado.

```
P A S E N H O R A M R S S R
B D R M I S T M U I S A T O
V O S S A M A J E S T A D E
V X E U K Y F R E J I A Y O S
O I N F L I L D F N S D O H
S A H G J S O Y A V O C Ê K
C W O I C E W O C K U R O D
S K R A R N T A R I V C M G
E P R I M H Z L Y L A X E A
U O L E Y O S F A R S T O W J
Y V C S A R X M V S E A D N L
T X A F L I A I R S D D B I
A A Y L E T M U E R N O K R
R V O S S A S E N H O R I A
G O L U N M A G B Y I T X O
```

92

Lembre que:

- **Pronomes possessivos** são os que indicam posse.
- **Pronomes demonstrativos** são aqueles que indicam o lugar, a posição das coisas, das pessoas etc. em relação à pessoa que fala.
- **Pronomes indefinidos** são aqueles que se referem ao substantivo, dando uma ideia indefinida.

Pronomes possessivos

Singular	1ª pessoa – **meu, minha, meus, minhas** 2ª pessoa – **teu, tua, teus, tuas** 3ª pessoa – **seu, sua, seus, suas** (**dele**)
Plural	1ª pessoa – **nosso, nossa, nossos, nossas** 2ª pessoa – **vosso, vossa, vossos, vossas** 3ª pessoa – **seu, sua, seus, suas** (**deles**)

Pronomes demonstrativos

- **este, esta, isto, estes, estas**
  Quando as pessoas ou coisas estão perto de quem fala.

- **esse, essa, isso, esses, essas**
  Quando as pessoas ou coisas estão perto da pessoa com quem se fala.

- **aquele, aquela, aquilo, aqueles, aquelas**
  Quando as pessoas ou coisas estão longe da pessoa que fala e da pessoa com quem se fala.

Pronomes indefinidos

- **algo, alguém, algum, alguma, alguns, algumas**
- **nada, ninguém, nenhum, nenhuma, nenhuns, nenhumas**
- **tudo, todo, toda, todos, todas**
- **cada, qualquer, quaisquer, certo, certa, certos, certas**
- **mais, menos, muito, muita, muitos, muitas**
- **pouco, pouca, poucos, poucas, tanto, tanta, tantos, tantas**
- **quanto, quanta, quantos, quantas**
- **outrem, outra, outro, outras, outros**
- **vários, várias**
- **diversos, diversas**

9. Complete as frases com os pronomes do quadro.

vosso - nossa - minha - suas - meus

a) A camisa do Luís é branca, mas a _____ é amarela.

b) _____ olhos são castanhos.

c) Esta casa nos pertence. Ela é _____.

d) Parabéns! _____ notas foram ótimas!

e) O que vos deram é _____.

10. Complete com pronomes possessivos.

a) _____ amigas chegaram.

b) Recebi um presente das _____ funcionárias.

c) Minha avó é idosa e a _____ também.

d) Aqueles pacotes são _____.

e) A goiaba é _____.

f) Os _____ ministros são eficientes.

g) _____ irmão é bom como o _____.

h) Recebemos elogios da _____ professora.

11. Use o pronome adequado para completar as frases.

a) O que eu possuo é _____.

b) O que tu possuis é _____.

c) O que ele possui é _____.

d) O que nós possuímos é _____.

e) O que vós possuís é _____.

f) O que eles possuem é _____.

12. Use os pronomes demonstrativos do quadro para completar as frases abaixo.

> esta - este - esse - esses - isto
> aquele - aquela - aquilo

a) _____ bolsa é minha e _____ ali é sua.

b) _____ brincos que você está usando lhe ficam muito bem.

c) _____ violão é maior do que _____.

d) Fabiano, de quem é _____ relógio que está em seu braço?

e) _____ vai dar certo; _____, não.

13. Sublinhe os pronomes demonstrativos.

a) Aquela rosa murchou.

b) Isto é seu ou de seu primo?

c) Esta bola é minha.

d) Você pegou aquele livro da estante?

e) Aqueles meninos são espertos.

14. Complete as frases com os pronomes do quadro.

> vários - diversas - ninguém - alguém
> tanto - poucos - menos - diversos

a) _____ bateu à porta.

b) Não deixe _____ sair.

c) _____ pessoas comeram o bolo.

d) Comprei _____ sapatos e não usei.

95

e) Puxa! Nunca pesquei _____ peixe assim!

f) Lúcia tem _____ amigos.

g) Antem houve _____ trabalho.

h) Na mesa havia _____ livros.

Que tipo de pronome você usou para completar as frases?

15. Classifique os pronomes destacados em possessivo, demonstrativo ou indefinido.

a) **Isto** é caro.

b) **Minha** bolsa é bonita.

c) **Alguém** entrou na sala.

d) **Meu** livro está na estante.

e) O que é **isso**?

f) **Ninguém** sabe onde ele está.

g) **Várias** pessoas foram à festa.

h) Você pegou **sua** chave?

i) **Nossa** escola é grande.

j) Eu não conheço **aquela** rua.

k) **Qualquer** um pode ajudar.

l) **Esse** livro é do Paulo.

96

s (inicial)	ss (dígrafo)	s (som de z)
sabiá	assunto	analisar
saia	passeio	avisar
santo	discussão	paraíso
sapato	fossa	casulo
semana	gesso	resolver
sete	girassol	improvisar
sineta	massa	pesado
suado	passarinho	pesquisar
sublime	progresso	pousada
suor	regresso	repousar

Vamos trabalhar com: **s**
Observação: não se iniciam palavras com **ss**.

16. Escreva as palavras nos lugares corretos.

salvar - casamento - assoalho
saudade - sino - asa - passagem
compromisso - sumir - gasolina - sobrado
gesso - teimoso - perigoso - assar

s (inicial)

ss (dígrafo)

s (som de z)

17. Complete com **s** ou **ss** e separe as sílabas das palavras.

a) ma____agista

b) deze____ete

c) pa____aporte

d) an____ioso

e) ____e____enta

f) mi____al

g) a_____ado

97

h)   olidão

i) bol   a

j) pen   ionato

k) a   inar

l) pa   ado

18. Responda às charadas. Atenção! Todas as respostas são escritas com **s** ou **ss**.

a) Usado para desenhar círculos:

b) É dançada em formaturas e casamentos:

c) Um animal que voa e canta:

d) Quem vai viajar de avião para outro país precisa de um:

e) Que não é verdadeiro:

f) Que não é agressivo:

19. Pesquise, recorte e cole palavras com **s** inicial, **s** com som de **z** e **ss**:

Lembre que:

- **Sobre** significa em cima.
  Exemplo: As frutas estão **sobre** a mesa.
- **Sob** significa embaixo.
  Exemplo: A moeda está **sob** o vaso.

20. Preencha os espaços com **sobre** ou **sob**.

a) Deixei a camisa _____ a mesa.

b) O gato está _____ a mesa.

c) Não quero nada _____ os móveis.

d) Mamãe deixou seus óculos _____ o armário.

e) É perigoso, quando há tempestades, ficar _____ árvores.

f) A chave fica _____ a caixa.

g) Eu me escondi _____ a cama.

21. Escreva duas frases: uma usando **sobre** e outra usando **sob**.

a)

b)

22. Forme palavras derivadas e separe as sílabas observando os exemplos.

acordar: acordando a - cor - dan - do

a) falar

b) cantar

c) dançar

d) nadar

e) mudar

f) brincar

99

correr: correndo   cor - ren - do

g) escrever

h) vender

i) dizer

j) saber

k) viver

l) nascer

m) aprender

n) ser

dirigir: dirigindo   di - ri - gin - do

o) sorrir

p) mentir

q) sair

r) partir

s) abrir

t) dividir

u) seguir

v) surgir

w) cair

x) fugir

y) dirigir

z) fingir

23. Complete as frases com "fiquei sabendo", "estou mudando" ou "está surgindo".

a) _____ uma nova moda entre os jovens.

b) Ontem, _____ de uma novidade muito boa.

c) Meus amigos ainda não sabem, mas _____ de endereço.

Bloco 8

CONTEÚDO:

- Verbos
- Conjugação dos verbos regulares
- Conjugação do verbo pôr
- Conjugação dos verbos ter, haver, ser, estar
- Ortografia:
  → am – ão
  → sc

Lembre que:

- **Verbos** são palavras que exprimem ação, estado, fato ou fenômenos da natureza.
- As formas verbais exprimem as três pessoas do discurso no singular e no plural.

	Singular	Plural
1ª pessoa	Eu planto	Nós plantamos
2ª pessoa	Tu plantas	Vós plantais
3ª pessoa	Ele planta	Eles plantam

- Os modos do verbo são:
  → **indicativo:** indica um fato certo, real, positivo.
  Exemplo: Julieta pula corda.
  → **subjuntivo:** indica um fato incerto, duvidoso.
  Exemplo: Talvez ela pule corda.
  → **imperativo:** indica uma ordem ou pedido.
  O imperativo pode ser:
  – **afirmativo:** Julieta, pule corda.
  – **negativo:** Julieta, não pule corda.
- Os tempos do verbo são três:
  → **presente** (hoje, agora).
  Exemplo: Eu trabalho.
  → **passado ou pretérito** (ontem, há pouco).
  Exemplo: Eu trabalhei.
  → **futuro** (amanhã, mais tarde).
  Exemplo: Eu trabalharei.
- O pretérito divide-se em:
  → **pretérito perfeito:** Ele trabalhou bastante.
  → **pretérito imperfeito:** Ele trabalhava bastante.
  → **pretérito mais-que-perfeito:** Ele trabalhara bastante.
- O futuro divide-se em:
  → **futuro do presente:** Ele trabalhará bastante.
  → **futuro do pretérito:** Ele trabalharia bastante.

- Os verbos estão distribuídos em três conjugações:
  → **1ª conjugação**
     – verbos terminados em **ar**: cantar, falar, estudar.
  → **2ª conjugação**
     – verbos terminados em **er**: escrever, vender, varrer.
  → **3ª conjugação**
     – verbos terminados em **ir**: fugir, partir, dormir.
- O infinitivo, o gerúndio e o particípio são chamados de formas nominais, porque podem ser utilizados como nomes.
  → **infinitivo pessoal** e **impessoal**
     Exemplos: plantar, pular, correr.
  → **gerúndio**
     Exemplos: plantando, pulando, correndo.
  → **particípio**
     Exemplos: plantado, pulado, corrido.

1. Faça a correspondência.

   1. ação
   2. estado
   3. fenômeno da natureza

   a) (   ) estar   e) (   ) ser
   b) (   ) chover   f) (   ) cortar
   c) (   ) cantar   g) (   ) ficar
   d) (   ) escrever   h) (   ) ventar

2. Escreva o que indicam os verbos destacados, conforme o modelo.

   Clarita **está** doente.
   Estado.

   a) **Choveu** bastante nestes últimos dias.

   b) André **anda** de patins.

   c) As crianças **ficaram** felizes.

   d) O feirante **vendeu** todas as verduras.

   e) Papai **trabalha** muito.

   f) O homem **está** contente.

   g) **Há** uma tristeza profunda no coração.

h) Os tamborins e as cuícas **tocam** um samba envolvente.

i) O menino **fica** alegre.

j) **Chovia** durante o carnaval passado.

3. Sublinhe os verbos que indicam fenômenos da natureza.

a) gritar
b) falar
c) ventar
d) relampejar
e) chover
f) comer
g) trovejar
h) repartir
i) orvalhar
j) gear
k) escrever
l) nevar

4. Numere corretamente.

(1) 1ª conjugação
(2) 2ª conjugação
(3) 3ª conjugação

(　) beber, correr, dever
(　) sorrir, partir, dormir
(　) ajudar, limpar, cantar
(　) fugir, dividir, permitir
(　) pular, gastar, rasgar
(　) adormecer, perder, viver

5. Dê o modo dos verbos destacados.

a) **Dancei** valsa com Celso.

b) Se eu **comprasse** este carro.

c) **Prestem** atenção!

d) Nós **cantamos** no coral.

103

e) **Faça** o doce de goiaba.

f) Quero que ele **parta** em breve.

6. Escreva se o verbo está no infinitivo, no gerúndio ou no particípio.

a) sorrir
b) escrevendo
c) cantando
d) brincando
e) lutando
f) encontrando
g) comprar
h) chorando
i) andar
j) esperado

7. Dê o tempo em que estão os verbos das frases a seguir.

a) Eu reparti meu lanche com ele.

b) Nós fazemos doce.

c) Betinho andou de patins.

d) Ele partirá amanhã.

8. Crie frases com os seguintes verbos e tempos.

a) conversar - pretérito

b) explicar - presente

c) aceitar - futuro

104

Conjugação dos verbos regulares

Modo indicativo

1ª conjugação Cant-**ar**	2ª conjugação Vend-**er**	3ª conjugação Part-**ir**

Presente

eu	cant-**o**	eu	vend-**o**	eu	part-**o**
tu	cant-**as**	tu	vend-**es**	tu	part-**es**
ele	cant-**a**	ele	vend-**e**	ele	part-**e**
nós	cant-**amos**	nós	vend-**emos**	nós	part-**imos**
vós	cant-**ais**	vós	vend-**eis**	vós	part-**is**
eles	cant-**am**	eles	vend-**em**	eles	part-**em**

Pretérito imperfeito

eu	cant-**ava**	eu	vend-**ia**	eu	part-**ia**
tu	cant-**avas**	tu	vend-**ias**	tu	part-**ias**
ele	cant-**ava**	ele	vend-**ia**	ele	part-**ia**
nós	cant-**ávamos**	nós	vend-**íamos**	nós	part-**íamos**
vós	cant-**áveis**	vós	vend-**íeis**	vós	part-**íeis**
eles	cant-**avam**	eles	vend-**iam**	eles	part-**iam**

Pretérito perfeito

eu	cant-**ei**	eu	vend-**i**	eu	part-**i**
tu	cant-**aste**	tu	vend-**este**	tu	part-**iste**
ele	cant-**ou**	ele	vend-**eu**	ele	part-**iu**
nós	cant-**amos**	nós	vend-**emos**	nós	part-**imos**
vós	cant-**astes**	vós	vend-**estes**	vós	part-**istes**
eles	cant-**aram**	eles	vend-**eram**	eles	part-**iram**

Pretérito mais-que-perfeito

eu	cant-**ara**	eu	vend-**era**	eu	part-**ira**
tu	cant-**aras**	tu	vend-**eras**	tu	part-**iras**
ele	cant-**ara**	ele	vend-**era**	ele	part-**ira**
nós	cant-**áramos**	nós	vend-**êramos**	nós	part-**íramos**
vós	cant-**áreis**	vós	vend-**êreis**	vós	part-**íreis**
eles	cant-**aram**	eles	vend-**eram**	eles	part-**iram**

Futuro do presente

eu	cant-**arei**	eu	vend-**erei**	eu	part-**irei**
tu	cant-**arás**	tu	vend-**erás**	tu	part-**irás**
ele	cant-**ará**	ele	vend-**erá**	ele	part-**irá**
nós	cant-**aremos**	nós	vend-**eremos**	nós	part-**iremos**
vós	cant-**areis**	vós	vend-**ereis**	vós	part-**ireis**
eles	cant-**arão**	eles	vend-**erão**	eles	part-**irão**

Futuro do pretérito

eu	cant-**aria**	eu	vend-**eria**	eu	part-**iria**
tu	cant-**arias**	tu	vend-**erias**	tu	part-**irias**
ele	cant-**aria**	ele	vend-**eria**	ele	part-**iria**
nós	cant-**aríamos**	nós	vend-**eríamos**	nós	part-**iríamos**
vós	cant-**aríeis**	vós	vend-**eríeis**	vós	part-**iríeis**
eles	cant-**ariam**	eles	vend-**eriam**	eles	part-**iriam**

Modo subjuntivo

1ª conjugação Cant-**ar**	2ª conjugação Vend-**er**	3ª conjugação Part-**ir**
Presente		
Que eu cant-**e** Que tu cant-**es** Que ele cant-**e** Que nós cant-**emos** Que vós cant-**eis** Que eles cant-**em**	Que eu vend-**a** Que tu vend-**as** Que ele vend-**a** Que nós vend-**amos** Que vós vend-**ais** Que eles vend-**am**	Que eu part-**a** Que tu part-**as** Que ele part-**a** Que nós part-**amos** Que vós part-**ais** Que eles part-**am**
Pretérito imperfeito		
Se eu cant-**asse** Se tu cant-**asses** Se ele cant-**asse** Se nós cant-**ássemos** Se vós cant-**ásseis** Se eles cant-**assem**	Se eu vend-**esse** Se tu vend-**esses** Se ele vend-**esse** Se nós vend-**êssemos** Se vós vend-**êsseis** Se eles vend-**essem**	Se eu part-**isse** Se tu part-**isses** Se ele part-**isse** Se nós part-**íssemos** Se vós part-**ísseis** Se eles part-**issem**
Futuro		
Quando eu cant-**ar** Quando tu cant-**ares** Quando ele cant-**ar** Quando nós cant-**armos** Quando vós cant-**ardes** Quando eles cant-**arem**	Quando eu vend-**er** Quando tu vend-**eres** Quando ele vend-**er** Quando nós vend-**ermos** Quando vós vend-**erdes** Quando eles vend-**erem**	Quando eu part-**ir** Quando tu part-**ires** Quando ele part-**ir** Quando nós part-**irmos** Quando vós part-**irdes** Quando eles part-**irem**

Modo imperativo

1ª conjugação Cant-**ar**	2ª conjugação Vend-**er**	3ª conjugação Part-**ir**
Imperativo afirmativo		
cant-**a** tu cant-**e** você (ele) cant-**emos** nós cant-**ai** vós cant-**em** vocês (eles)	vend-**e** tu vend-**a** você (ele) vend-**amos** nós vend-**ei** vós vend-**am** vocês (eles)	part-**e** tu part-**a** você (ele) part-**amos** nós part-**i** vós part-**am** vocês (eles)
Imperativo negativo		
não cant-**es** tu não cant-**e** você (ele) não cant-**emos** nós não cant-**eis** vós não cant-**em** vocês	não vend-**as** tu não vend-**a** você (ele) não vend-**amos** nós não vend-**ais** vós não vend-**am** vocês	não part-**as** tu não part-**a** você (ele) não part-**amos** nós não part-**ais** vós não part-**am** vocês

Infinitivo

cant-**ar**	vend-**er**	part-**ir**

Gerúndio

cant-**ando**	vend-**endo**	part-**indo**

Particípio

cant-**ado**	vend-**ido**	part-**ido**

9. Faça o que se pede.

a) Conjugue o verbo **andar** no presente:

Eu	Nós
Tu	Vós
Ele	Eles

b) Conjugue o verbo **estudar** no futuro do presente:

Eu	Nós
Tu	Vós
Ele	Eles

c) Conjugue o verbo **comer** no pretérito perfeito:

Eu	Nós
Tu	Vós
Ele	Eles

d) Conjugue o verbo **escrever** no futuro do pretérito:

Eu	Nós
Tu	Vós
Ele	Eles

10. Numere as opções das colunas de modo a formar frases. Siga o modelo.

1	Nós	☐	apresentarão	1	de sorvete.
2	Ele	1	gostamos	☐	teria pernas mais fortes.
3	Elas	☐	cantavas alto,	☐	por isso pediram que te calasses.
4	Tu	☐	andasse mais,	☐	de paraquedas.
5	Se eu	☐	pulou	☐	uma pesquisa para a turma.

11. Siga o exemplo usando o pretérito imperfeito do indicativo.

Eu comia o sanduíche e bebia o suco.

a) Tu

b) Ele

c) Nós

d) Vós

e) Eles

12. Observe a conjugação dos verbos regulares no modo subjuntivo e conjugue:

a) o verbo **falar** no presente:

b) o verbo **acordar** no futuro:

c) o verbo **perder** no pretérito imperfeito:

d) o verbo **beber** no futuro:

e) o verbo **sorrir** no pretérito imperfeito:

13. Escreva o tempo e o modo dos verbos destacados:

a) Se eu **escrevesse** bem, redigiria para o jornal.

b) Os carros **param** no semáforo.

c) Você disse que **buscaria** o seu amigo.

d) Quando eles **decidirem**, nós iremos ao parque.

e) Se ele **dormisse** em casa, seria melhor.

14. Siga o exemplo usando o presente do subjuntivo nas outras pessoas.

Que eu escreva e fale sobre a educação.

a) Que tu

b) Que ele

c) Que nós

d) Que vós

e) Que eles

15. Complete as frases usando o verbo **cantar** no pretérito imperfeito do subjuntivo.

a) Se eu _____, ganharia o prêmio.
b) Se tu _____, ganharias o prêmio.
c) Se José _____, ganharia o prêmio.
d) Se nós _____, ganharíamos o prêmio.
e) Se vós _____, ganharíeis o prêmio.
f) Se eles _____, ganhariam o prêmio.

Lembre que:

- O verbo **pôr** é da segunda conjugação, e como ele se conjugam os verbos **dispor**, **compor**, **recompor**, **depor** etc.

Conjugação do verbo pôr

Modo indicativo

Presente	Pretérito imperfeito
eu ponho	eu punha
tu pões	tu punhas
ele põe	ele punha
nós pomos	nós púnhamos
vós pondes	vós púnheis
eles põem	eles punham

Pretérito perfeito	Pretérito mais-que-perfeito
eu pus	eu pusera
tu puseste	tu puseras
ele pôs	ele pusera
nós pusemos	nós puséramos
vós pusestes	vós puséreis
eles puseram	eles puseram

Futuro do presente	Futuro do pretérito
eu porei	eu poria
tu porás	tu porias
ele porá	ele poria
nós poremos	nós poríamos
vós poreis	vós poríeis
eles porão	eles poriam

Modo subjuntivo

Presente	Pretérito imperfeito
Que eu ponha	Se eu pusesse
Que tu ponhas	Se tu pusesses
Que ele ponha	Se ele pusesse
Que nós ponhamos	Se nós puséssemos
Que vós ponhais	Se vós pusésseis
Que eles ponham	Se eles pusessem

Futuro
Quando eu puser
Quando tu puseres
Quando ele puser
Quando nós pusermos
Quando vós puserdes
Quando eles puserem

Modo imperativo

Imperativo afirmativo	Imperativo negativo
Põe tu	Não ponhas tu
Ponha você (ele)	Não ponha você
Ponhamos nós	Não ponhamos nós
Ponde vós	Não ponhais vós
Ponham vocês (eles)	Não ponham vocês

Formas nominais

Infinitivo: pôr   **Gerúndio:** pondo   **Particípio:** posto

16. Empregue o verbo **pôr** nos tempos e modos indicados entre parênteses.

a) Eu _____ a roupa no varal.
(presente do indicativo)

b) _____ sua sacola no guarda-roupa.
(imperativo afirmativo)

c) Eles _____ a carta no correio.
(pretérito perfeito do indicativo)

d) Quando ele _____ a música, nós dançaremos.
(futuro do subjuntivo)

e) Que ele _____ as mãos na consciência e seja responsável.
(presente do subjuntivo)

f) Crianças, _____ os pés no chão!
(imperativo negativo)

111

17. Conjugue o verbo pôr nos tempos e modos indicados.

a) pretérito mais-que-perfeito do indicativo:
Eu
Tu
Ele
Nós
Vós
Eles

b) futuro do subjuntivo
eu
tu
ele
nós
vós
eles

18. Conjugue o verbo **compor** no futuro do subjuntivo.
Quando eu
Quanto tu
Quando ele
Quando nós
Quando vós
Quando eles

Conjugação dos verbos ter, ser, haver, estar

Modo indicativo

Presente

	Ter	Ser	Haver	Estar
eu	tenho	sou	hei	estou
tu	tens	és	hás	estás
ele	tem	é	há	está
nós	temos	somos	havemos	estamos
vós	tendes	sois	haveis	estais
eles	têm	são	hão	estão

Pretérito imperfeito

	Ter	Ser	Haver	Estar
eu	tinha	era	havia	estava
tu	tinhas	eras	havias	estavas
ele	tinha	era	havia	estava
nós	tínhamos	éramos	havíamos	estávamos
vós	tínheis	éreis	havíeis	estáveis
eles	tinham	eram	haviam	estavam

Pretérito perfeito

	Ter	Ser	Haver	Estar
eu	tive	fui	houve	estive
tu	tiveste	foste	houveste	estiveste
ele	teve	foi	houve	esteve
nós	tivemos	fomos	houvemos	estivemos
vós	tivestes	fostes	houvestes	estivestes
eles	tiveram	foram	houveram	estiveram

Modo indicativo (cont.)

Pretérito mais-que-perfeito

	Ter	Ser	Haver	Estar
eu	tivera	fora	houvera	estivera
tu	tiveras	foras	houveras	estiveras
ele	tivera	fora	houvera	estivera
nós	tivéramos	fôramos	houvéramos	estivéramos
vós	tivéreis	fôreis	houvéreis	estivéreis
eles	tiveram	foram	houveram	estiveram

Futuro do presente

	Ter	Ser	Haver	Estar
eu	terei	serei	haverei	estarei
tu	terás	serás	haverás	estarás
ele	terá	será	haverá	estará
nós	teremos	seremos	haveremos	estaremos
vós	tereis	sereis	havereis	estareis
eles	terão	serão	haverão	estarão

Futuro do pretérito

	Ter	Ser	Haver	Estar
eu	teria	seria	haveria	estaria
tu	terias	serias	haverias	estarias
ele	teria	seria	haveria	estaria
nós	teríamos	seríamos	haveríamos	estaríamos
vós	teríeis	seríeis	haveríeis	estaríeis
eles	teriam	seriam	haveriam	estariam

Modo subjuntivo

Presente

	Ter	Ser	Haver	Estar
Que eu	tenha	seja	haja	esteja
Que tu	tenhas	sejas	hajas	estejas
Que ele	tenha	seja	haja	esteja
Que nós	tenhamos	sejamos	hajamos	estejamos
Que vós	tenhais	sejais	hajais	estejais
Que eles	tenham	sejam	hajam	estejam

Pretérito imperfeito

	Ter	Ser	Haver	Estar
Se eu	tivesse	fosse	houvesse	estivesse
Se tu	tivesses	fosses	houvesses	estivesses
Se ele	tivesse	fosse	houvesse	estivesse
Se nós	tivéssemos	fôssemos	houvéssemos	estivéssemos
Se vós	tivésseis	fôsseis	houvésseis	estivésseis
Se eles	tivessem	fossem	houvessem	estivessem

Futuro

	Ter	Ser	Haver	Estar
Quando eu	tiver	for	houver	estiver
Quando tu	tiveres	fores	houveres	estiveres
Quando ele	tiver	for	houver	estiver
Quando nós	tivermos	formos	houvermos	estivermos
Quando vós	tiverdes	fordes	houverdes	estiverdes
Quando eles	tiverem	forem	houverem	estiverem

Modo imperativo

Imperativo afirmativo			
Ter	**Ser**	**Haver**	**Estar**
Tem tu	Sê tu	Há tu	Está tu
Tenha você	Seja você	Haja você	Esteja você
Tenhamos nós	Sejamos nós	Hajamos nós	Estejamos nós
Tende vós	Sede vós	Havei vós	Estai vós
Tenham vocês	Sejam vocês	Hajam vocês	Estejam vocês

Imperativo negativo	
Ter	**Ser**
Não tenhas tu	Não sejas tu
Não tenha você	Não seja você
Não tenhamos nós	Não sejamos nós
Não tenhais vós	Não sejais vós
Não tenham vocês	Não sejam vocês

Imperativo negativo	
Haver	**Estar**
Não hajas tu	Não estejas tu
Não haja você	Não esteja você
Não hajamos nós	Não estejamos nós
Não hajais vós	Não estejais vós
Não hajam vocês	Não estejam vocês

Formas nominais

Infinitivo	ter	ser	haver	estar
Gerúndio	tendo	sendo	havendo	estando
Particípio	tido	sido	havido	estado

19. Conjugue os verbos a seguir nos tempos pedidos.

a) **ter** - presente do indicativo

Eu
Tu
Ele
Nós
Vós
Eles

b) **ser** - pretérito perfeito do indicativo

Eu
Tu
Ele
Nós
Vós
Eles

c) **estar** - pretérito imperfeito do subjuntivo

Se eu
Se tu
Se ele
Se nós
Se vós
Se eles

d) **haver** - futuro do pretérito do indicativo

Eu
Tu
Ele
Nós
Vós
Eles

20. Complete com os verbos entre parênteses no pretérito perfeito do indicativo.

a) Eu _____ uma ideia. (ter)

b) Ele _____ ao cinema. (ir)

c) Nós _____ na loja. (estar)

d) Eles _____ jantar. (ir)

e) Eles _____ muita sorte. (ter)

f) Tu _____ ao teatro? (ir)

21. Dê o gerúndio e o particípio destes verbos:

	Gerúndio	Particípio
ter		
ser		
haver		
estar		

22. Use o imperativo afirmativo dos verbos nas pessoas indicadas entre parênteses para completar as frases.

a) _____ felizes. (**ser** - vocês)

b) _____ atentos. (**estar** - nós)

115

c) _____ piedade. (**ter** - vós)

d) _____ amigos. (**ser** - vocês)

e) _____ paz. (**ter** - nós)

f) _____ bondoso. (**ser** - tu)

> **Lembre que:**
>
> - Usamos a terminação **am** para o pretérito.
>   Exemplos: estav**am** – resolver**am** – aguardar**am** (pretérito).
>
> - A terminação **ão** é usada para o futuro.
>   Exemplos: estarão – resolverão – aguardarão (futuro).

23. Empregue os verbos entre parênteses nos tempos e modos pedidos.

a) Eu _____ ido ao cinema se não tivesse chovido.
(**ter** - futuro do pretérito)

b) Se ele _____ um aluno aplicado, teria passado de ano.
(**ser** - pretérito imperfeito do subjuntivo)

c) _____ pronto para partir amanhã.
(**estar** - imperativo afirmativo)

d) Quando _____ mais amor entre as pessoas, o mundo será melhor.
(**haver** - futuro do subjuntivo)

24. Complete as frases com uma das palavras entre parênteses.

a) Daqui a um mês _____ os resultados.
(saíram - sairão)

b) Ontem, elas _____ Amarelinha.
(pularam - pularão)

c) Os palhaços _____ o espetáculo amanhã.
(alegraram - alegrarão)

d) As crianças _____ ontem.
(viajaram - viajarão)

e) Eles não _____ o bolo ontem.
(comeram - comerão)

25. Observe os exemplos e continue o exercício com os verbos indicados.

> Ontem elas estudaram.

a) sorrir

b) sair

c) partir

d) cantar

> Amanhã eles correrão.

e) nadar

f) brigar

g) rir

26. Encontre no diagrama dez palavras terminadas em **am**:

A	E	H	O	Z	O	O	T	V	I	G	E	S	A	W
C	S	A	U	D	A	R	A	M	H	A	P	E	O	S
H	A	C	H	D	E	F	E	N	D	E	R	A	M	S
A	S	A	R	D	O	P	W	S	R	I	S	H	D	E
M	A	P	I	C	E	T	S	O	I	I	X	T	E	P
A	N	D	A	V	A	M	E	B	Z	I	N	P	N	O
R	X	U	P	A	M	I	G	R	S	P	C	O	U	Q
R	S	Z	R	P	O	P	O	E	W	I	H	T	N	T
A	A	I	I	E	E	T	I	V	I	I	A	T	C	E
R	T	I	N	H	A	M	S	I	P	I	C	E	I	D
A	E	H	O	Z	O	O	T	V	I	G	E	S	A	W
M	I	O	B	I	T	S	P	E	P	N	U	C	V	C
R	E	U	N	I	R	A	M	R	E	U	Z	I	A	B
O	C	T	O	T	S	A	I	A	I	E	E	T	M	X
A	P	R	O	V	A	R	A	M	P	I	D	D	H	Z
A	P	R	O	X	I	M	A	R	A	M	N	H	R	O
M	I	O	B	I	T	S	P	E	P	N	U	C	V	C

Agora, forme uma frase com duas dessas palavras.

117

27. Numere as opções das colunas de modo a formar frases. Siga o modelo.

[1] Eles correram   [ ] caminharão bastante.

[2] Ontem, elas   [ ] serão totalmente automáticas.

[3] Amanhã, elas   [ ] estudaram bastante.

[4] No passado, os trens   [1] do cachorro.

[5] No futuro, as máquinas   [ ] levavam passageiros.

28. Escreva um pequeno texto sobre ecologia. Use, no texto, pelo menos uma frase com verbo no passado e uma com verbo no futuro.

29. Pesquise palavras com:

am

ão

Vamos trabalhar com: **sc**

Leia estas palavras com sc		
acréscimo	descendência	ascensorista
acrescentar	descer	nascença
adolescência	descerrar	nascer
ascender (subir)	indisciplina	oscilar
miscelânea	discípulo	piscina
crescer	fascículo	rejuvenescer
crescente	fascinar	víscera
consciência	florescer	ascensão
convalescer	inconsciente	disciplina

30. Complete as palavras com **sc** e copie-as.

a) acre_____entar

b) enrube_____er

c) con_____iência

d) ví_____era

e) convale_____er

f) di_____iplina

g) adole_____ente

h) de_____errar

i) flore_____er

j) cre_____er

k) na_____er

l) pi_____ina

m) cre_____ente

31. Separe as sílabas das palavras abaixo.

a) consciente

b) fascinar

c) oscilar

d) ascensão

e) descer

f) rejuvenescer

g) indisciplina

h) discernir

i) florescer

j) nascença

k) miscelânea

l) víscera

m) fascículo

Bloco 9

CONTEÚDO:
- Oração: sujeito e predicado
- Advérbio
- Preposição
- Crase
- Conjunção
- Interjeição
- Ortografia:
  → por que – porque – por quê – porquê
  → tem – têm
  → s final – z final

Lembre que:

- **Oração** é uma palavra ou um grupo de palavras que transmite um pensamento.
- **Sujeito** é o ser do qual se diz alguma coisa.
- **Predicado** é aquilo que se diz do sujeito.

Para achar o sujeito, perguntamos **quem?** ao verbo; para achar o predicado, perguntamos **o quê?** ao sujeito.

1. Sublinhe o sujeito das orações.

   a) Seu José era um homem feliz.

   b) Nós jogamos uma partida de tênis.

   c) O cachorro é amigo do homem.

   d) As crianças estão brincando.

   e) O coco caiu do coqueiro.

   f) Luciana, Flávia e Amanda foram ao circo.

2. Complete as orações com um sujeito adequado.

   a) _____ latiu a noite inteira!

   b) _____ ensinou sujeito e predicado.

   c) _____ gira em torno do Sol.

   d) _____ gosto muito de sorvete.

   e) _____ é um menino educado.

3. Sublinhe o predicado das orações.

a) O rei mandou pintar o palácio.

b) Mariana achou que era muito cedo.

c) Meus primos moram longe da cidade.

d) Benevides costuma sair bem cedinho.

e) O sol estava muito forte.

f) Ela sabe toda a lição.

4. Separe o sujeito do predicado.

a) O macaco comeu todas as bananas.

sujeito:

predicado:

b) Os agricultores preparam a terra.

sujeito:

predicado:

c) Tia Amélia comemorou seu aniversário na lanchonete.

sujeito:

predicado:

d) O rei foi deposto.

sujeito:

predicado:

e) Nós almoçamos no restaurante.

sujeito:

predicado:

f) Meu cachorro está doente.

sujeito:

predicado:

5. Complete as orações com um predicado.

a) O cão e o gato _____

b) O telefone _____

c) O carnaval _____

d) Danilo, Alfredo e Beberto _____

e) A festa _____

f) O pobre homem _____

Lembre que:

- **Advérbio** é a palavra que modifica o sentido do verbo, do adjetivo ou de outro advérbio.

Conheça alguns advérbios	
de lugar	aqui, ali, lá, acolá, além, longe, perto, diante, atrás, dentro, fora, abaixo, acima etc.
de tempo	hoje, ontem, já, amanhã, cedo, tarde, nunca, agora, breve, antes, depois, antigamente, diariamente etc.
de intensidade	muito, pouco, bastante, mais, menos, demais, tão, quanto etc.
de modo	bem, mal, assim, depressa, devagar, calmamente, atentamente e quase todos os terminados em **mente:** delicadamente, alegremente etc.
de afirmação	sim, certamente, realmente etc.
de dúvida	talvez, provavelmente, acaso, porventura, caso etc.
de negação	não, tampouco (= também não)

6. Classifique os advérbios destacados.

a) **Não** irei ao passeio.

b) Gosto de quem fala **bem**.

c) **Sim**, posso ir com você.

d) **Amanhã** levarei o livro.

e) Vi um ninho **lá** na árvore.

f) Chegamos **muito** tarde para a aula.

g) Ela **não** sabe como perdeu.

h) Os filhos dele eram **muito** bonitos.

i) **Perto** dele todos ficam em paz.

j) **Nunca** mais nos veremos.

k) Olhei **calmamente** a paisagem.

7. Complete as frases com os advérbios pedidos entre parênteses.

a) As meninas cantaram _____ (advérbio de modo)

b) _____, lemos um trecho sobre o Pantanal. (advérbio de tempo)

c) O menino _____ sabe como perdeu o brinquedo. (advérbio de negação)

d) Chegaram _____ tarde. (advérbio de intensidade)

e) Eles estavam _____ agitados.
(advérbio de intensidade)

f) _____ você não queira vir.
(advérbio de dúvida)

g) Bete estava _____ da praia.
(advérbio de lugar)

h) _____ eu lhe telefonarei.
(advérbio de tempo)

i) Elas voltaram _____ para o colégio.
(advérbio de modo)

j) _____ nós faremos amanhã.
(advérbio de afirmação)

k) Eles _____ querem ir ao shopping.
(advérbio de negação)

l) Eu preciso terminar essa atividade _____.
(advérbio de tempo)

8. Sublinhe os advérbios e classifique-os. Observe o modelo:

> Juliana morava muito longe de minha casa.
> muito - **advérbio de intensidade**
> longe - **advérbio de lugar**

a) Provavelmente as crianças estão passando bem.

b) Amanhã, eles irão lá no zoológico.

c) Mandaram-na aqui para estudar.

d) Certamente tu foste o primeiro classificado.

e) Gostei muito de você.

9. Retire do texto abaixo:

Ontem, depois de sair da escola, Carolina fez um caminho diferente ao voltar para casa. Era um caminho mais longo, mas a menina morava perto da escola e tinha tempo, pois a aula tinha acabado mais cedo. Carolina caminhou devagar para apreciar a vista. Era uma rua bonita, aquela. Tinha árvores, flores e alguns passarinhos. Era realmente um lugar agradável, e a menina gostava muito de passear por ali.

a) dois advérbios de intensidade.

b) dois advérbios de lugar.

c) três advérbios de tempo.

d) um advérbio de modo.

e) um advérbio de afirmação.

10. Complete com advérbios de tempo, lugar ou intensidade.

a) Eliane mora _____ do clube.

b) Cheguei _____ no aniversário.

c) Hoje brinquei _____ no parque.

d) O ônibus chegou _____ .

e) Karina gosta _____ de brócolis.

f) A meia está _____ da gaveta.

g) Chegamos _____ tarde para assistir ao filme.

h) As meninas cantaram _____ na apresentação.

i) Todos nós vimos a coruja _____ da árvore.

Lembre que:

- **Preposição** é uma palavra que liga duas palavras entre si.
- **Principais preposições:** a, ante, após, até, com, contra, de, desde, em, entre, para, per, perante, por, sem, sob, sobre, trás.

Algumas preposições podem ligar-se a outras palavras, como artigos, pronomes, advérbios

de + a	▶ da	em + o	▶ no
de + o	▶ do	em + a	▶ na
de + ele	▶ dele	em + um	▶ num
de + ela	▶ dela	em + esse	▶ nesse
de + esse	▶ desse	em + isso	▶ nisso
de + essa	▶ dessa	em + isto	▶ nisto
de + isso	▶ disso	em + aquilo	▶ naquilo
de + este	▶ deste	em + aquele	▶ naquele
de + esta	▶ desta	em + ele	▶ nele
de + isto	▶ disto	per + o	▶ pelo
de + aquele	▶ daquele	per + a	▶ pela
de + aí	▶ daí	a + o	▶ ao
de + ali	▶ dali	a + os	▶ aos
de + onde	▶ donde		

11. Escolha no quadro as preposições que melhor completam as frases.

de - a - com - sobre - para - deste

a) Sandra se fantasiou _____ baiana.

b) Valéria fez sua tarefa _____ capricho.

c) Meu quarto fica _____ lado.

d) Papai viajou _____ Recife.

e) Geraldo foi _____ São Paulo.

f) Ela falou _____ você.

12. Complete com uma preposição.

a) pão _____ manteiga

b) anel _____ ouro

c) máquina _____ costura

d) passeio _____ cavalo

e) carro   álcool
f) novelo   linha

13. Sublinhe as preposições das frases abaixo:

a) Moro em Aracaju.
b) Nosso próximo jogo é contra o clube da outra escola.
c) O professor falou sobre jogos.
d) Saímos após o jantar.
e) Vou sair com meus amigos.
f) Papai vai até a sua casa.
g) Somos todos iguais perante a lei.
h) Rubens passou entre os dois.
i) Titio ficou sem o carro.
j) Marcelo gosta de dançar.

14. Complete com a preposição adequada:

a) Não tive o prazer _____ abraçá-los.
b) Coloquei a blusa _____ a mesa.
c) Reginaldo caminha _____ a escola.
d) Sentei-me _____ Lúcia e Paulo.
e) Farei tudo _____ você, meu filho.
f) Entrei _____ loja e comprei uma bicicleta.
g) Você guarda dinheiro _____ o colchão?

15. Siga as dicas e complete os quadradinhos.

1) preposição que indica o que está embaixo.
2) preposição que indica o que está em cima.
3) preposição que indica o que está no meio de duas coisas.
4) em + aquilo.
5) de + isso.
6) preposição que indica, no tempo, o que vem depois.

> **Lembre que:**
>
> - **Crase** é a ligação, isto é, a junção:
>   → da preposição **a** com o artigo feminino definido **a/as**.
>   Exemplo: Fui **à** feira.
>
>   → da preposição **a** com o pronome demonstrativo **a/as**.
>   Exemplo: Suas respostas eram idênticas **às** dos outros alunos.
>
>   → da preposição **a** com a vogal **a** inicial dos pronomes demonstrativos **aquele/aqueles**, **aquela/aquelas**, **aquilo**.
>   Exemplo: Não sei se darei **à**quela mulher tudo o que ela merece.

16. Use o acento grave (`) onde houver crase:

a) Vovó levou a sacola.

b) Fui a igreja.

c) Achei a boneca que procuravas.

d) A aluna pediu licença a professora.

e) Roberta foi a aula.

f) Preferimos andar a pé.

g) Voltei as dez horas.

h) Fui a academia.

17. Complete com **aquele**, **àquele**, **aquela**, **àquela**, **aquilo** ou **àquilo**.

a) Roberto não tinha paciência para fazer _____ trabalho.

b) Ela nem pensou em referir-se _____.

c) Gostamos de ir _____ cinema.

d) Refiro-me _____ professora de dança.

e) _____ menina é minha prima.

18. Escreva uma frase usando **àquela**.

Lembre que:

- **Conjunção** é a palavra que liga orações ou palavras. Exemplo: Antônio está dormindo **e** seu filho está acordado.

Conheça algumas conjunções

e	entretanto	portanto
nem	por isso	logo
mas	porque	pois
todavia	então	ora
contudo	porém	ou

19. Sublinhe as conjunções das frases.

a) O café é preto e o leite é branco.
b) Mariana está na cozinha ou no quarto?
c) No pomar há mangueiras, porém não há mangas.
d) Paulinho não é gordo nem magro.
e) Você foi bem-comportado, portanto merece um prêmio.
f) Papai usa gravata, mas esqueceu de colocá-la.

20. Complete as frases usando as conjunções adequadas.

ou - por isso - porque - e - porém

a) Sílvia costurou a blusa _____ a calça.

b) Não sei se fecho _____ se abro a porta.

c) Ela foi sorteada, _____ não recebeu o prêmio.

d) Estava doente, _____ não fui à festa.

e) André ficou na frente _____ era o menor de todos.

21. Ligue as orações usando as conjunções indicadas:

a) Marina é gorda. Sarita é magra.

e

129

b) Marta é estudiosa. [porém]
   Marta falta muito às aulas.

c) Você fica em casa? [ou]
   Você vai comigo?

d) Lia perdeu a festa. [porque]
   Lia estava dormindo.

22. Leia e complete o texto abaixo com as conjunções do quadro.

[que - e - mas]

O cavalo-marinho não gosta muito de nadar, _____ de vez em quando agita as barbatanas _____ estão nas costas _____ se movimenta.

Lembre que:

- **Interjeição** é uma palavra ou um grupo de palavras que exprimem um sentimento.
  Exemplo: **Oba!** Ganhei um livro.

As interjeições aparecem normalmente seguidas de ponto de exclamação.

Algumas interjeições e o que elas exprimem

dor: **ai! ui! ah!**
alegria: **ah! oh! eh! oba! aleluia!**
aplauso: **bravo! apoiado! parabéns!**
aversão: **ih! chi! arre!**
apelo: **alô! socorro! psiu! olá!**
desculpa: **perdão!**
desejo: **oxalá! tomara!**
silêncio: **psiu! silêncio! calada!**
alívio: **ufa!**
advertência: **atenção! devagar!**
admiração: **oh! puxa!**

- **Locução interjetiva** é uma expressão que vale por uma interjeição.
  Observe algumas locuções interjetivas:
  Valha-me Deus!
  Quem me dera!
  Muito bem!
  Ai de mim!
  Alto lá!
  Que coisa!

23. Sublinhe as interjeições e escreva o que elas exprimem.

a) Ufa! Pensei que era um rato.

b) Tomara que você consiga o prêmio!

c) Uba! Sorvete de chococate!

d) Atenção! O sinal abriu.

e) Ai! Cortei o dedo!

f) Oh! Que linda bicicleta!

g) Oxalá nós consigamos vencer o jogo.

h) Parabéns! Sua carta ganhou o concurso.

i) Chi! Acho que errei o caminho.

24. Complete as frases com a interjeição adequada.

> Obrigado(a)! - Psiu! - Alô!
> Viva! - Bravo!

a) _____ Quem está falando?
b) _____ A professora está falando!
c) _____ Achei lindo o presente que você me deu.
d) _____ Nosso time é campeão!
e) _____ Você cantou muito bem!

25. Relacione as colunas.

1. Bravo!   (   ) agradecimento
2. Devagar!   (   ) desculpa
3. Grato!   (   ) dor
4. Perdão!   (   ) aplauso
5. Puxa!   (   ) desejo
6. Oba!   (   ) advertência
7. Ai!   (   ) alegria
8. Tomara!   (   ) admiração

131

26. Crie frases com locuções interjetivas.

a)

b)

27. Procure no diagrama seis interjeições, copie-as e classifique-as.

```
F C R E D O E L P S R
U B E V Z I O N Q I P
A G G X U D U F Q L D
T H J R S J F C O Ê S
A L E L U I A E G N J
M Z R B O J H A F C X
A S X L M B C I U I T
M D Q I L N P V Z O G
C O I T A D O H U C A
```

Interjeições   Classificação

1.
2.
3.
4.
5.
6.

28. Complete o diálogo com interjeições.

— Olha o buraco!   !
—   !   ! Quase caí. Se você não tivesse gritado, teria caído.   !
— De nada. Mas fique mais atento ao andar por aí.

29. Assinale o sentido da interjeição em cada caso.

a) Puxa, você não vai mesmo poder vir à minha festa?
☐ admiração   ☐ decepção

b) Puxa, você é mesmo bom nesse jogo!
☐ admiração   ☐ decepção

c) Ah, que paisagem bonita!
☐ alegria   ☐ tristeza

d) Ah, que cena triste!
☐ alegria   ☐ tristeza

Lembre que:

Usamos:

- **por que** no início de frases interrogativas.
  Exemplo: **Por que** suspenderam as aulas?

- **porque** em respostas, indicando uma causa, uma explicação.
  Exemplo: Suspenderam as aulas, **porque** era feriado.

- **por quê** isolado no final de frases interrogativas.
  Exemplo: Hoje é feriado. **Por quê**?

- **porquê** substantivo que indica razão, motivo.
  Exemplo: Diga-me o **porquê** de sua alegria.

30. Complete as frases com **por que**, **por quê**, **porque** ou **porquê**.

a) _____ você não me esperou?

b) Estou contente, _____ saiu meu aumento.

c) Você está chorando. _____?

d) Você sabe o _____ de tanto choro?

31. Transforme as frases afirmativas em interrogativas usando **por que**.

a) Ele foi mal na competição.

b) Está ventando tanto.

c) Os homens destroem a natureza.

32. Responda às perguntas a seguir usando **porque**.

a) Por que os homens derrubam árvores?

133

b) Por que os animais devem ser respeitados?

c) Por que é importante estudar?

33. Crie duas frases empregando corretamente:

a) por que.

b) porque.

c) por quê.

d) porquê.

34. Complete o diálogo com **por que**, **por quê** e **porque**.

— Ricardo! Você já foi à padaria?
— Sim, mãe, _____?
— _____ ia pedir para você trazer leite, além de pão.
— Ah, que pena! _____ não me disse antes? Agora é tarde!
— Tudo bem. Pode ficar para amanhã. Obrigada!

Lembre que:

- Usamos **tem** para o singular e **têm** para o plural.
  → **Tem** é a terceira pessoa do singular do verbo **ter**.
  → **Têm** é a terceira pessoa do plural do verbo **ter**.
  Exemplos: Esta cidade **tem** muitos habitantes.
  Estas ruas **têm** trânsito intenso.

35. Forme duas frases empregando corretamente **tem** e **têm**.

a)

b)

36. Complete as frases com **tem** ou **têm** e, depois, copie-as.

a) Estas lojas _____ muitos vendedores.

b) As árvores _____ galhos.

c) Ana _____ a revistinha do Cascão.

d) Este homem _____ uma reclamação a fazer.

e) Nossos jogadores ainda _____ alguma chance?

f) Ele ainda _____ aquela coleção de selos?

g) Paulo _____ uma mochila.

h) Os adolescentes _____ vários compromissos.

i) Luciana _____ prova amanhã.

135

Vamos trabalhar com: s – z finais

Escrevem-se com z

altivez	embriaguez	rapaz
arroz	faz	rapidez
avestruz	feliz	talvez
capataz	giz	timidez
capuz	juiz	veloz
cartaz	nariz	verniz
chafariz	paz	vez
cuscuz	perdiz	xadrez

Escrevem-se com s

adeus	freguês	ônibus
aliás	gás	país
através	invés	português
bis	lápis	pôs
chinês	lilás	pus
depois	marquês	simples
duzentos	mês	três
francês	óculos	trezentos

37. Copie as palavras e separe as sílabas.

a) avestruz

b) feliz

c) português

d) rapidez

e) óculos

f) altivez

g) invés

h) xadrez

i) duzentos

j) verniz

38. Complete com **as, es, is, os, us** e copie as palavras.

inv____
ade____
franc____
pa____
ali____
ócul____
chin____
duzent____